Alexander Stevens
9 ½ perfekte Morde

PIPER

Zu diesem Buch

Eine Frau wird auf einem Kreuzfahrtschiff von ihrem Ehemann über Bord geworfen, ein junges Mädchen wird von einem Unbekannten aus dem Internet in den Selbstmord getrieben, eine Blumenhändlerin wird von einem Polizeibeamten erstochen und ein Mann wird durch eine Drohne getötet. So unterschiedlich diese Mordfälle sind, so haben sie doch eines gemeinsam: Die Täter kamen ungeschoren davon. Strafverteidiger Alexander Stevens berichtet spannend und detailliert von zehn wahren und aktuellen Mordfällen und beweist, dass es den perfekten Mord doch noch gibt.

Dr. Alexander Stevens ist Fachanwalt für Strafrecht und einem breiten Publikum als Buchautor und Anwalt in verschiedenen TV-Formaten bekannt (u. a. »Die spektakulärsten Kriminalfälle der Geschichte«, »Im Namen der Gerechtigkeit« »Richter Alexander Hold« und »Paragraphenschlupflöcher«) sowie als gern gesehener TV-Experte (u. a. »Markus Lanz«, »Stern-TV« und »Frühstücksfernsehen«). Zuletzt sind von ihm die Bücher »Sex vor Gericht« und der Spiegelbestseller »Garantiert nicht strafbar« erschienen.

Alexander Stevens

9½ PERFEKTE MORDE

Wenn Schuldige davonkommen –
Ein Strafverteidiger deckt auf

PIPER

Mehr über unsere Autoren und Bücher:
www.piper.de

Bei den in diesem Buch beschriebenen Fällen handelt es sich um wahre Mordfälle. Zum Schutz der Persönlichkeitsrechte wurden Namen, Orte und Personen verändert.

MIX
Papier aus verantwortungsvollen Quellen
FSC® C083411
FSC
www.fsc.org

Originalausgabe
ISBN 978-3-492-31144-1
November 2017

Umschlaggestaltung: zero-media.net, München
Umschlagabbildung: FinePic®, München und Julian Hartwig/NeonBlack (Foto)
Satz: Uhl & Massopust, Aalen
Gesetzt aus der Scala Sans OT
Druck und Bindung: CPI books GmbH, Leck
Printed in the EU

INHALT

VORWORT: DEN PERFEKTEN MORD GIBT ES NICHT?

»Der Mörder wird mit lebenslanger Freiheitsstrafe bestraft.« – So steht es im Strafgesetz. Eine vorzeitige Haftentlassung ist frühestens nach 15 Jahren möglich, bei besonders schwerer Schuld meist nicht vor 24 Jahren.

Es kann sich also durchaus lohnen, einer Verurteilung wegen Mordes zu entgehen. Nur wie soll man das anstellen, ohne das Ergebnis für das tote Opfer zu ändern?

Die Antwort lautet: Einen perfekten Mord begehen! Doch was ist der perfekte Mord? Und kann es ihn wirklich geben?

Alfred Hitchcock sagte einmal: »Natürlich hat es schon perfekte Morde gegeben, sonst wüsste man ja etwas von ihnen.«

Der allsonntägliche *Tatort,* Fernsehserien à la *CSI,* reißerische Kriminalliteratur oder einschlägige Sachbücher diverser Kriminalisten behaupten hingegen das Gegenteil. Zu hoch entwickelt seien Forensik und Kriminalistik, was schließlich auch durch die Aufklärungsquote von rund 98 %

aller Tötungsdelikte bewiesen werde. DNA-Spuren, Handyortung, Telefonauswertung, Fingerabdrücke, Faserspuren, Rechtsmedizin, Kriminalbiologie und nicht zuletzt die hartnäckigen und umfassenden Bemühungen erfahrener Kriminalbeamter werden über kurz oder lang jeden Täter überführen. In der öffentlichen Wahrnehmung entsteht so der Eindruck, dass es sich bei den wenigen unaufgeklärten Morden lediglich um Zufälle handelt, um unvermeidliche Fehler in der Statistik.

Vereinzelt werden immerhin Fälle bekannt, in denen ein scheinbar perfekter Mord am Ende doch noch aufgeklärt werden konnte. Sei es, weil der Täter sein geheimes Wissen doch nicht für sich behalten konnte, sei es, weil er schlicht und ergreifend durch einen dummen Zufall überführt wurde. Ob diese Fälle allerdings der Beweis sind, dass am Ende doch jeder Mörder seiner gerechten Strafe zugeführt wird, daran habe ich meine Zweifel.

Vielmehr bin ich der Ansicht, dass gerade diese Fälle uns erst eine dunkle Ahnung vermitteln können, wie die Wirklichkeit in Wahrheit aussieht. Aber lesen Sie selbst...

REISE OHNE RÜCKKEHR

Während meiner Zeit als Strafverteidiger erreichten mich bisher so einige skurrile Briefe, auch aus dem Ausland. Darin ging es in den meisten Fällen um Fragen der Verjährung von Straftaten und eine straffreie Rückkehr nach Deutschland. Die Bandbreite der Delikte jener Flüchtigen reichte von Mord über Vergewaltigung bis hin zu Bankraub. Nur selten war es mir möglich, befriedigende Antworten zu geben. Mord verjährt nach deutschem Recht nicht und auch Delikte wie eine Vergewaltigung haben eine so lange Verjährungsfrist, dass der mutmaßliche Täter alt und grau ist, ehe seine Straftat verjährt – wenn die Frist denn überhaupt abläuft; denn bei Tätern, die sich im Ausland aufhalten und deren Auslieferung seitens der deutschen Behörden beantragt ist, ruht die Verjährung. Dann bleibt dem Täter nur noch die Flucht in ein anderes Land, um die Verjährungsfrist in Gang zu setzen.

Natürlich ist man auch als Strafverteidiger vor Anfragen von Trittbrettfahrern, die sich mit ihren Mandatsanfragen nur wichtig- oder einen Spaß machen wollen, und psychisch auffälligen Scharlatanen nicht gefeit. So erhielt ich im Laufe der Jahre auch schon Post mit der Bitte um anwaltliche Vertretung vom »König von Thailand« oder dem selbst ernannten »Konsul von Bayern«, deren Seriosität selbstredend wenig ernst zu nehmen war. Doch dann bekam ich einen Brief in meine Kanzlei geschickt, der sich von allen übrigen unterschied.

> Sehr geehrter Herr Dr. Stevens,
> vielleicht erinnern Sie sich an unsere Unterhaltung im Sommer 2015 auf Key West. Ich habe Ihr letztes Buch inzwischen mit einigem Vergnügen gelesen. Im letzten Kapitel deuten Sie dort einen perfekten Mord an, ohne es beim Namen zu nennen. Schade eigentlich, denn alle Welt will einen glauben machen, dass es den perfekten Mord nicht gibt.

Ich erinnerte mich tatsächlich sofort an ihn. Ich hatte damals eine Kreuzfahrt in der Karibik unternommen, um an besagtem Buch zu schreiben. In einer Bar auf Key West war ich mit dem freundlichen Mittvierziger ins Gespräch gekommen, und wir unterhielten uns länger über meine Arbeit und das Buch.

Warum er bei mir einen so bleibenden Eindruck hinterlassen hat, weiß ich nicht. Auf den ersten Blick war er ein eher unauffälliger Typ, den man leicht verwechselt. Zwar war mir die höfliche und ruhige Aufmerksamkeit, die er mir entgegenbrachte, damals angenehm aufgefallen, aber das Gespräch war eigentlich nicht besonders spektakulär verlaufen. Ganz anders stand es hingegen mit dem Inhalt seines Briefes.

Warum ich Ihnen schreibe? Ich habe meine Frau getötet. Ich hatte es längst getan, als wir uns kennenlernten, aber ich konnte in der Bar verständlicherweise nicht offen mit Ihnen darüber sprechen. Ich schreibe Ihnen auch nicht, um meine Tat zu rechtfertigen oder mein Gewissen zu erleichtern. Auch will ich nicht Ihren rechtlichen Rat einholen, ich weiß sehr wohl, dass Mord nicht verjährt. Ich schreibe Ihnen, weil ich die vielen Sachbücher, Interviews, Filme, Dokumentationen und Artikel leid bin, in denen stets behauptet wird, dass es den perfekten Mord nicht gibt.

Den Entschluss, meine Frau zu töten, fasste ich eher spontan. Wir befanden uns auf einer Kreuzfahrt in der Karibik. Die Reise hatte ich ihr zum siebten Hochzeitstag geschenkt. Sie begann in den USA und führte von dort ins Karibische Meer.

Schon am ersten Abend gab es Streit. Wie immer war es eine belanglose Auseinandersetzung, die aber dennoch einen recht heftigen Verlauf nahm. Es ging um das Abendessen: Sie wollte in schicker Kleidung zum Captain's Dinner gehen, ich hingegen leger gekleidet und ohne viel Aufwand zum Büfett. Am Ende fügte ich mich ihrem Willen – wie immer.

Um den Abend so erträglich wie möglich zu gestalten, lud ich meine Frau später auf ein paar Drinks an die Bar des Bordbistros ein. Der Alkohol sollte uns helfen, einander einigermaßen gut zu verstehen und einen halbwegs liebevollen Umgang miteinander einzustellen. Auch an den folgenden Abenden trank ich mit meiner Frau einige Cocktails, und jeden Abend wurden es ein paar mehr.

Am fünften Tag der Reise hatten wir zwei volle Tage auf See hinter uns und damit einige Hundert Meilen seit dem letzten Halt an einer Karibikinsel zurückgelegt. Zwei weitere Tage auf See lagen noch vor uns. Wie schon zuvor, waren wir nach dem formellen Teil des Abends zur Bar gegangen. Wir bestellten Cocktails. Bei ihr waren es diesmal eindeutig zu viele.

Wie immer, wenn sie zu viel Alkohol intus hatte, philosophierte sie darüber, wie gut es ihr doch im Leben ergangen wäre, hätte sie mich nie kennengelernt und geheiratet. Dabei blieb sie ganz ruhig und sachlich. Ihre Ausführungen aber hätten kaum verletzender sein können. Ein Schlappschwanz sei ich, der sie nicht ordentlich zu befriedigen wisse. Selbst der Barmann an der Theke, etwa zwanzig Jahre älter als ich und mit schütterem Haupthaar, mache sie mehr an als ich. Zum Glück verstand der Barkeeper sie nicht, er sprach kein Deutsch und kümmerte sich nicht weiter um die Gespräche seiner Gäste.

Es war nicht das erste Mal, dass ich mir ihre Hasstiraden anhören musste, aber diese Intensität war selbst für mich eine neue Stufe der Eskalation, ihre Beschimpfungen nur schwer zu ertragen. Als der Abend schon sehr weit fortgeschritten war, drohte sie mir, sie werde mir meinen kleinen nichtsnutzigen Penis abschneiden. Sie werde einfach behaupten, ich hätte sie seit Jahren vergewaltigt. Sie fantasierte darüber, dass sie am Ende straflos davonkommen würde. »Alle werden mir voller Mitleid zuhören, und ich, ich werde daran denken, wie schlecht du mich immer gefickt hast!« Sie lachte und schrie das hemmungslos in den Raum hinein. Ein

Publikum hatte sie allerdings nicht: Neben zwei russischen Saufkumpanen, die bereits seit Stunden nur noch starr auf ihre im Minutentakt wechselnden Wodkagläser blickten, waren wir die letzten Gäste an der Bar.
In einem günstigen Moment signalisierte ich dem Barkeeper augenrollend, dass meine Frau deutlich zu viel getrunken hatte. Woraufhin der Barmann sich meiner erbarmte und uns keine Getränke mehr ausschenkte. Er hatte zwar sicherlich nichts von unserem Gespräch verstanden, aber die Situation war auch so leicht zu deuten.
Trotz all dem Geschimpfe hielt ich meine Frau unterstützend am Arm, als wir die Bar verließen. Sie schien sich sogar etwas beruhigt zu haben, vielleicht musste sie sich aber auch einfach darauf konzentrieren, einen Fuß vor den anderen zu setzen und konnte mich deshalb nicht weiter beschimpfen. Sie stolperte mehrfach und musste sich an mir festhalten. Der freundliche Barkeeper begleitete uns noch ein Stück in Richtung unseres Zimmers, einer luxuriösen Kabine mit Balkon in den oberen Etagen des Schiffs.
Dort angekommen, legte ich meine Frau auf das Bett, worauf sie, kaum dass sie die Laken berührte, sofort zu weiteren Schimpftiraden ansetzte. Ich trat auf den Balkon hinaus, um wenigstens dort, abgelenkt vom Rauschen der Wellen und dem Blick auf die vollmondbeschienene Weite des Meeres, einen Moment der Ruhe und Entspannung zu finden.
Doch der Moment war nur von kurzer Dauer. Der Unmut meiner Frau hatte sich noch nicht gelegt, weshalb sie versuchte, mir auf den Balkon zu folgen. Sie hatte

sichtliche Schwierigkeiten, die Schiebetür zum Balkon zu öffnen, und wirkte dabei wie ein zierliches Mädchen, dem man sofort zur Hilfe eilen will. Aber ich half ihr nicht, ich starrte sie nur an. Ich wusste, sie würde dort weitermachen, wo sie an der Bar aufgehört hatte. Sie würde abermals meine Männlichkeit infrage stellen und den ohnehin nicht mehr vorhandenen Sex durch den Dreck ziehen.

Der Moment, als sie die Tür endlich aufbekam und unsere Blicke sich trafen, zog sich nahezu endlos in die Länge und hat sich mir unwiderruflich ins Gedächtnis eingebrannt. Ihre dunklen Augen waren weit geöffnet, und das Mondlicht spiegelte sich in ihren Pupillen. »Du schaffst es ja noch nicht mal, mich zu ficken, du armseliges Würstchen!«, zischte sie. »Aber keine Sorge, das erledigen längst andere. Ich will die Scheidung.«

Ohne auch nur ein Wort zu sagen, zog ich sie an beiden Händen zu mir hin, küsste sie und bugsierte sie zur Reling des Balkons. Mit dem rechten Arm griff ich ihr zwischen die Beine, hob sie unvermittelt hoch, und mit viel weniger Kraftaufwand, als ich erwartet hätte, warf ich sie schwungvoll über Bord, die fünfzig Meter hinunter ins Meer. Bis heute wundere ich mich darüber, dass sie keinen Laut von sich gab. Jedenfalls hörte ich nichts, nicht einmal einen Aufprall auf dem Wasser, er wurde vermutlich von dem Lärm der wuchtigen Schiffsschrauben übertönt.

Nur für einen kurzen Moment, gefühlt aber für eine ganze Ewigkeit, dachte ich an gar nichts und verweilte in der Stille auf dem Balkon. Ich blieb ganz ruhig und war einfach nur erleichtert, wobei die Schuldgefühle nicht lange auf sich warten ließen.

Wie dem auch sei, alles Weitere führte ich mit einer geradezu unheimlichen Professionalität durch, die ich mir nie zugetraut hätte. Ich wühlte die Bettseite meiner Frau auf, sodass es so aussah, als hätte sie etwas länger darin gelegen. Dann eilte ich zurück zur Bar. Und tatsächlich, die beiden Russen und der ältere Barmann waren immer noch da. Erstaunlich gut gelaunt erzählte ich dem Barkeeper auf Englisch, dass ich meine Frau soeben aufs Zimmer gebracht hatte und sie sofort eingeschlafen war. Ich witzelte, dass Frauen einfach nicht so viel vertrügen wie wir Männer. Der Barkeeper pflichtete mir mit einem Lächeln und routiniert chauvinistischen Bemerkungen bei. Ich bestellte noch einen letzten Drink und stieß mit dem Barkeeper auf meine Frau an. Dann stieg ich auf einen kleinen Small Talk mit ihm ein, wusste aber nicht, ob er mir wirklich zuhörte – und es war mir auch egal. Danach ging ich zurück zu meiner Kabine. Und rannte kurz darauf zurück zur Bar, wo ich den Barkeeper besorgt nach meiner Frau fragte. Er schüttelte leicht amüsiert den Kopf und meinte in etwas gebrochenem Englisch, dass meine Frau es mir sicher gleichgetan und sich noch irgendwo auf dem Schiff einen Drink gegönnt hätte: »Lady wants have fun somewhere else, maybe disco?« Ich solle mir keine Sorgen machen, das käme durchaus häufiger vor. Entsprechend beruhigt ging ich zurück zu meinem Zimmer und wartete den Sonnenaufgang ab.
Am Morgen meldete ich dem Schiffssteward voller Sorge, dass meine Frau seit dem gestrigen Abend immer noch nicht zurückgekehrt war. Zu meiner Überraschung versuchte auch dieser Mitarbeiter zunächst

nur, mich zu beschwichtigen. So taktvoll wie möglich erklärte er mir, dass der ein oder andere Partner auf dem Schiff über Nacht verschwände, um ein kleines Abenteuer in den Armen einer anderen Person zu erleben. Natürlich protestierte ich vehement dagegen. Aber nach diesem Gespräch wagte ich nun wirklich zu hoffen, dass ich mit dem Mord an meiner Frau tatsächlich davonkommen würde.

Erst am späten Vormittag wurde eine Suche auf dem Schiff organisiert und erbrachte erwartungsgemäß keinen Erfolg. Durchsagen oder dergleichen unterblieben – man wolle die anderen Gäste nicht verunsichern, so die Begründung der Crew. Gegen 13 Uhr wurde meine Frau nur auf massiven Druck meinerseits auch dem Kapitän als vermisst gemeldet. Hierbei wurde nach einer Anhörung des Barkeepers erstmals der Verdacht laut, dass sie aufgrund von alkoholbedingten Ausfallerscheinungen über Bord gegangen sein könnte. Der Kapitän erfragte, ob ich mich noch erinnern könne, wann ich meine Frau zuletzt gesehen hatte, und errechnete daraus den ungefähren Ort, an dem sie möglicherweise verunglückt war. Allerdings machte er mir schon zu diesem Zeitpunkt wenig Hoffnungen, dass ich meine Frau je wiedersehen würde, schon gar nicht lebend. Die See sei nachts kalt und rau, und ohne Schwimmhilfe könne man sich ohnehin nicht länger als eine halbe Stunde über Wasser halten, wenn man nicht schon durch den Aufprall auf das betonharte Wasser oder den Sog in die Schiffsschrauben versterben würde.

Der Kapitän ordnete zunächst an, alle Maschinen zu stoppen und abzuwarten, ob die Reederei ihn auffordern würde, zu der mutmaßlichen Unglücksstelle zurückzukehren. Die Reederei entschied sich dagegen – wohl aus Kostengründen. Sie alarmierte die Küstenwache der nächstgelegenen Karibikinsel. Diese würde die Vermisstensuche übernehmen.

Alles Weitere war reine Formalität. Ich erzählte einem philippinischen Sicherheitsmitarbeiter des Schiffs – der ähnlich schlechtes Englisch wie der Barkeeper sprach –, dass ich am Vorabend zusammen mit meiner Frau einige Cocktails an der Bar genossen und ich sie dann in angetrunkenem Zustand aufs Zimmer begleitet hatte. Dort habe sie sich ins Bett gelegt und ich sei wieder zur Bar gegangen, um einen letzten Absacker zu trinken. Bei meiner Rückkehr habe sie aber nicht mehr im Bett gelegen. Nach Zureden des Barmanns sei ich davon ausgegangen, dass sie noch zu einer anderen der unzähligen Bars auf dem Luxusliner gegangen war.

Dieselbe Geschichte erzählte ich zwei Tage später einem gelangweilten Polizisten auf einer kleinen Karibikinsel. Nachdem er binnen zwanzig Minuten meine Aussagen notiert und kaum Fragen gestellt hatte, brachte er mich zurück aufs Schiff. Weder machte er sich die Mühe, den Barkeeper näher zu befragen und dessen Aussagen mit meiner abzugleichen, noch suchte er die Kabine oder den Balkon auf, um etwaige Spuren zu sichern. Stattdessen drückte er mir nach Abschluss seiner nicht vorhandenen Ermittlungen eine Sterbeurkunde in die Hand: »Selbst verschuldeter Unfall oder Suizid« stand als Todesursache darauf geschrieben. Eine Leiche, so sagte er mir, sei nach der intensiven Suche der Küstenwache leider nicht gefunden worden, was er sehr bedauerte.

Alle Verantwortlichen auf dem Schiff kondolierten mir und sprachen mir ihr tiefes Beileid aus. Ich bekam eine neue Kabine, diesmal eine Suite auf Kosten der Reederei, damit ich nicht im Unglückszimmer schlafen musste. Die Schiffsreise wurde ohne weitere Zwischenfälle fortgesetzt. Von meinem tragischen Verlust bekamen die übrigen Passagiere nichts weiter mit.

Als das Schiff wenige Tage später wieder im Heimathafen einlief, nahmen mich zwei gut gekleidete Herren in Empfang, die mich um ein Gespräch baten. Wie sich herausstellte, waren es hochrangige Repräsentanten der Schiffsreederei, die mich in ihr Büro führten und mir zu meinem Erstaunen eine Million Dollar anboten, verbunden mit der höflichen Bitte, den tragischen Unfalltod meiner Frau nicht an die große Glocke zu hängen. Und was soll ich sagen, wir kamen ins Geschäft.

Ob Sie diese Geschichte nun veröffentlichen oder nicht, liegt bei Ihnen, Herr Dr. Stevens. Seien Sie aber versichert, dass Sie nie wieder von mir hören werden.

Der Mann hatte seinen Brief unterzeichnet. Ich erinnerte mich auch an seinen Namen, wobei, der könnte auch falsch sein. Laut Poststempel stammte der Brief von den Cayman Islands, aber der Absender war mit Sicherheit längst weitergezogen.

Und obwohl es der erste Klient war, der ausnahmsweise einmal nichts von mir wollte, war der Brief für mich Grund genug, ernsthaft zu recherchieren, ob ein solches Verbrechen, wie es der Absender beschrieb, wirklich auf einem Kreuzfahrtschiff so einfach zu begehen war. Die Antwort lautet: Ja!

Tatsächlich stieß ich auf eine erschreckend hohe Zahl von Todesfällen auf Kreuzfahrtschiffen. Seit 1999 sind weit über hundert Passagiere unbemerkt über Bord gegangen, wovon immerhin ganze dreiundzwanzig Fälle von Ermittlern und den zuständigen Behörden als verdächtig eingestuft wurden.

Die weiteren Recherchen bestätigten die Beschreibungen des mutmaßlichen Kreuzfahrt-Mörders: Die Reedereien scheinen alles daranzusetzen, Informationen über solcherlei Vorfälle nicht an die Öffentlichkeit dringen zu lassen. Natürlich! Denn mal ehrlich: Würden Sie mit einer teuren Kreuzfahrtreederei Urlaub machen wollen, bei der es regelmäßig zu Unfällen und womöglich schweren Straftaten kommt?

Dass die Reederei in dem an mich adressierten Brief nur zaghaft ermittelte und dem Ehemann auch noch eine Million Dollar Kompensation bezahlte, sprach also für den Wahrheitsgehalt der Geschichte. Hinterbliebene und deren Anwälte berichten, dass das Prozedere bei so ziemlich allen Kreuzfahrtreedereien ähnlich abläuft, wird eine Person als vermisst gemeldet: So wenig Informationen wie möglich dringen nach außen, alles wird auf ganz kleiner Flamme gekocht. Zunächst sucht das Personal das Schiff unauffällig nach der vermissten Person ab, was bei Schiffen in der Größe von Kleinstädten mit drei- bis achttausend Menschen an Bord sehr, sehr lange dauern kann. Auf eine Mithilfe durch andere Passagiere in Form von Durchsagen wird zumeist verzichtet, um Unruhe unter den Gästen zu vermeiden. Erst nach einer erfolglosen Suche werden Küstenwache und Reederei verständigt. Dann wird abgestimmt, ob es noch Sinn ergibt, in das Gebiet zurückzukehren, in welchem die vermisste Person mutmaßlich über Bord gegangen ist. Davon wird in den meisten Fällen jedoch abgesehen, denn die Chance, einen Sturz vom Kreuzfahrtschiff aus einer Höhe von zwanzig bis sechzig Metern zu überleben, ist verschwindend gering. Wasser wirkt aufgrund der Trägheit seiner Moleküle beim Fall aus solchen Höhen wie Beton. Je nach Wetterlage herrscht hoher Seegang, sodass sich der Verunglückte kaum über Wasser halten kann. Dann ist da noch der Kälteschock, der gerade bei älteren oder alkoholisierten Menschen einen Herzinfarkt oder Schlaganfall auslösen kann, und nicht zuletzt der Sog der Schiffsschraube. Wenn ein Mensch trotz all dieser Gefahren überlebt, ist es nur noch eine Frage der Zeit, bis er ertrinkt. Denn vom Zeitpunkt des Unglücks bis zum Bemerken des Verschwindens bis hin zur Rückkehr an den Unglücksort dauert es oft zu lange.

Jedenfalls haben 99 Prozent aller Fälle, in denen Menschen über Bord eines Kreuzfahrtschiffs gingen, eines gemein: Die Opfer wurden nie gefunden. Es gibt also nur selten eine Leiche und noch seltener jemanden, der sich ernsthaft darum bemüht, diese zu finden. Und wo es keine Leiche gibt, da lässt sich auch ein Tötungsdelikt schwer nachweisen. Ein Sturz über die Reling in betrunkenem Zustand ist stets eine plausible Erklärung dafür. Wenn es nicht doch zufällig Zeugen gibt, die den Tathergang gesehen oder gar mit einer Kamera festgehalten haben. Fehlen aber solche Sachbeweise, ist ohne die Leiche eine Bestimmung der Todesumstände unmöglich.

Wenn der Täter sein Opfer dann auch noch vom Privatbalkon der eigenen Kabine schubst, kann er sicher sein, dass es keine Videoaufzeichnungen gibt, denn Kameras sind in diesen Räumen natürlich streng verboten.

Und selbst wenn die Leiche in dem einen Prozent der Fälle doch gefunden wird und eine forensische Untersuchung noch möglich ist – man bedenke den Fischfraß oder vom Wasser weggespülte Spuren –, muss diese schon eindeutige Merkmale von Fremdverschulden aufweisen, damit es zu einer Anzeige kommt. Im Schiffsjargon spricht man bei Anzeichen von Fremdverschulden übrigens von »foul play«. Ansonsten gehen die Reedereien auch in diesen Fällen von einem tragischen Unfall oder Suizid aus.

Sieht man sich die einzelnen Vermisstenfälle, die in den Statistiken angeführt werden, genauer an, könnte man zu dem Schluss kommen, dass das Kreuzfahrtbusiness ein Eldorado für Mordgetriebene ist, in welchem die Verantwortlichen die gröbsten Anfängerfehler großzügig übersehen. Erst jüngst wurde der folgende Fall bekannt: Eine Frau war von einem Kreuzfahrtschiff über Bord gegangen. Nahe der Absturzstelle stieß die Crew auf einen großen Blutfleck, ein Messer und auf ein geplündertes Portemonnaie, von dem die Fingerabdrücke abgewischt worden waren. Diese recht eindeutigen Spuren sowie die Tatsache, dass die Überwachungskamera am mutmaßlichen Tatort mit einem Pappkarton überdeckt war, weckten keinerlei Verdacht beim bordeigenen Sicherheitspersonal. Ganz im Gegenteil: Nach Aussagen von Zeugen hatten die beiden Sicherheitsmitarbeiter, die als Erste am Unglücksort eintrafen, den Inhalt des Portemonnaies untereinander aufgeteilt und dann die Fingerspuren darauf beseitigt, ehe sie sich auf Anweisung des Sicherheitschefs daranmachten, den roten Fleck wegzuwaschen. Bis heute geht die Reederei von einem Unfall aus. Der rote Fleck sei entgegen anderslautender Aussagen einiger Passagiere kein Blut, sondern ein verschütteter Cocktail. Die Überwachungskamera sei nur deshalb verdeckt gewesen, weil sich zuvor ein Liebespaar dort verlustiert habe.

Ein Messer sei da übrigens auch nicht gewesen.

Alles Weitere zum Tod der 37-jährigen Annette Mizener können Sie aber auch im offiziellen Bericht der Carnival Reederei nachlesen.

Ein geradezu typisches Beispiel für die Haltung der Reedereien in Sachen Aufklärung ist auch der Fall einer gewissen Merrian Carver aus Phoenix, Arizona, deren Kabinenbett fünf Tage lang unberührt geblieben war. Der Steward hatte daraufhin seinen Vorgesetzten informiert, welcher ihn allerdings anwies, sich nicht um Dinge zu kümmern, die ihn nichts angingen, und besser seine Arbeit zu tun. Und obwohl am Ende der Fahrt noch immer jede Spur von Merrian Carver fehlte, packte die Crew ihre Sachen zusammen, lagerte sie ein und informierte weder Familie noch Polizei.

Diese beiden Fälle sind nur zwei Beispiele einer ganzen Reihe von sogenannten »suspicious overboard deaths«. Nachlesen können Sie diese unter www.cruiseshipdeaths.com.

Wieso aber wird ein solches Maß an Vertuschung, Begünstigung und fragwürdigen Ermittlungstechniken hingenommen?

Die Antwort liegt in unserem Rechtssystem begründet. Kreuzfahrtschiffe sind faktisch eigene Kleinstädte, die der

Rechtsordnung desjenigen Landes unterworfen sind, unter dessen Flagge sie segeln – zumindest, wenn sie, was häufig der Fall ist, in internationalen Gewässern unterwegs sind. Und weil ein wirtschaftlich orientiertes Unternehmen Steuern, Gebühren und sonstige lästige Ausgaben sparen will, lässt es sein Schiff natürlich unter der Flagge eines Landes segeln, das es mit den Steuern und dann zumeist auch mit allgemeinen rechtsstaatlichen Grundsätzen nicht ganz so eng sieht. Meist fehlt es Dritte Welt- und Schwellenländern wie den Bahamas (dort ist zum Beispiel der Sitz von Royal Caribbean, der größten Kreuzfahrtreederei) oder Honduras schlicht an den personellen Mitteln und an der nötigen Erfahrung im Umgang mit einer möglichen Straftat auf einem Luxusliner. Darüber hinaus bezweifle ich, dass die örtlichen Behörden ein größeres Interesse an einer Strafverfolgung auf einem weit entlegenen Schiff entwickeln, das vermutlich nicht mal einen einzigen eigenen Staatsbürger an Bord hat.

Denn die Behörden haben meist genug mit der Kriminalität im eigenen Land zu tun. Und wahrscheinlich legen sie sich auch weniger gern mit den größten Geldgebern im Land an, und das sind nun mal die Reedereien mit ihren Milliarden, die sie mit den etwa 15 Millionen Passagieren im Jahr verdienen.

In unserem Recht ist übrigens verankert, dass deutsche Ermittler auch im Ausland zuständig sind, wenn Opfer oder Täter deutsche Staatsbürger sind. Diese Zuständigkeit kann jedoch nur greifen, wenn ein hinreichender Tatverdacht gegen einen mutmaßlichen Täter vorliegt. Und um diesen zu erhärten, muss eine Reederei, die unter der Flagge der oben genannten Staaten fährt, keine anderen Behörden an Bord lassen als die ihres Heimathafens.

Und selbst wenn man Profis von weit, weit her an Bord holen würde, um eine womöglich verdächtige Tat untersuchen zu lassen, hätte sich die Spurenlage bis zur Ankunft der Ermittler schon längst geändert, vielleicht lägen sogar gar keine Spuren mehr vor. Denn derzeit erschöpft sich die Arbeit der Sicherheitsmitarbeiter auf Kreuzfahrtschiffen fast ausschließlich im Scannen von Schiffsausweisen beim Ein- und Aussteigen der Passagiere. Wie man einen Tatort oder gar Spuren sichert, davon haben die Damen und Herren des Sicherheitspersonals meist keine Ahnung. Und etwaige Befragungen von Zeugen und potenziellen Verdächtigen scheitern häufig an einer Sprachbarriere – auch da scheint die Geschichte meiner zwielichtigen Urlaubsbekanntschaft viel Wahres in sich zu tragen.

Sieht man sich abschließend die im Durchschnitt etwa vierzehn Fälle pro Jahr an, bei denen Menschen auf Kreuzfahrten auf immer und ewig verschwinden, entsteht ein makabres Bild dieser beliebten Form des Reisens.

Die Chancen stehen also nicht schlecht, dass der Verfasser des Briefes auch weiterhin ungestraft davonkommt. Aber wenn man ihn denn aufspürte, könnte man ihn selbst bei einem vollumfänglichen Geständnis wahrscheinlich nicht zur Rechenschaft ziehen. Denn ein Geständnis allein kann in kaum einer Rechtsordnung zu einer richterlichen Überzeugungsbildung führen, bestünde doch immer die Möglichkeit, dass es sich dabei nur um frei erfundene Erzählungen eines Trittbrettfahrers, psychisch Kranken oder Königs von Thailand handelt – wenn auch in diesem Fall um einen mit einem eine Million Dollar schweren Bankkonto …

DER GUTE FREUND

»Bist du nur neugierig oder meinst du's ernst?«

»Ich bin mir sehr sicher, ich weiß nur nicht wie.«

»Ich kann dir helfen.«

»Hm.«

»Ich habe hier schon vielen geholfen. Ich kenn mich wirklich gut aus.«

»Echt?«

»Ja, und vor Kurzem habe ich einer per Skype beigestanden, als sie es getan hat.«

»Das hast du echt für sie getan? Wow!«

»Dann war sie wenigstens nicht allein.«

»Das wird sie dir bestimmt nie vergessen. Wie hat sie es gemacht?«

»Mit einem Messer.«

»Mit einem Messer? Die Pulsadern?«

»Nein, Herzstich.«

»Herzstich? Also mit einem Messer direkt ins Herz gestochen? Und du hast das via Skype gesehen?«

»Ja, ich habe sie bis zur letzten Sekunde unterstützt. Ich bin mir sicher, ohne mich hätte sie es nicht gekonnt.«

»Das glaub ich dir. Da braucht man doch auch viel Kraft, also Muskelkraft, um sich ins Herz zu stechen, oder?«

»Nein, es kommt auf die Technik an. Du musst ein entsprechend langes Küchenmesser nehmen und es genau zwischen der vierten und fünften Rippe links neben dem Brustbein ansetzen.«

»Du scheinst dich ja wirklich gut auszukennen.«

»Ja, ich habe mich sehr eingehend damit beschäftigt – um zu helfen.«

»Wieso tust du das?«

»Wieso nicht?« :-)

»Na ja, was hast du davon? Ich mein, das sind ja hier alles nur Freaks und seelische Wracks.«

»Genau deshalb. Ich will wirklich helfen. Ist doch schon schlimm genug, dass man mit dem Thema so alleingelassen wird.«

»Stimmt ...«

»Und wenn es Leute wie mich nicht gäbe, würden es vermutlich viele total stümperhaft anstellen und womöglich Qualen erleiden oder es nicht schaffen, und dann landen sie in der Klapse.«

»Das wäre für mich das Schlimmste, wenn es nicht klappen würde und die mich dann wegsperren.«

»Keine Sorge, du hast ja mich.«

»Aber wir kennen uns doch kaum.«

»Na, wir lernen uns doch jetzt kennen! Erzähl mir ein bisschen von dir.«

»Ich heiße Lara.«

»Hallo Lara. Wie alt bist du?«

»23.«

»Wohnst du alleine?«

»Na ja, nicht ganz, eigentlich wohn ich zusammen mit meiner Schwester in einer WG.«

»Okay, das heißt, du bist meistens nicht allein.«

»Nein, ich bin sogar meistens allein. Meine Schwester hat seit ein paar Monaten nen neuen Freund und ist fast immer bei dem zu Hause.«

»Weiß sie von deinem Vorhaben?«

»Niemand weiß davon – na ja, außer dir jetzt.«

»Das ist auch besser so. Die würden dir das nur ausreden wollen, weil sie keine Ahnung haben. Kaum jemand versteht deine Gedanken, deine Gefühle und was du durchmachst. Das habe ich schon so oft gehört.«

»Was hast du gehört?«

»Dass andere Menschen, gerade aus dem persönlichen Umfeld, immer nur mit Unverständnis reagieren und einen gleich zum Psychodoc schicken wollen ...«

»Das ist meine größte Angst!«

»Mach dir keine Sorgen. Mit mir kannst du offen reden und hey, ich hab weder deine Adresse noch den Kontakt zu deiner Schwester oder sonstigen Leuten von dir. Mir kannst du voll und ganz vertrauen!«

»Das ist echt lieb, auch wenn ich mich ehrlich gesagt ein bisschen schwertue, das alles einer fremden Person zu erzählen.«

»Mach dir keinen Kopf. Ich weiß, was ich tue. Und vergiss nicht, ich hab schon vielen hier geholfen.«

»Also noch anderen Leuten als nur der mit dem Herzstich?«

»Na klar. Ich bin hier schon seit einigen Jahren in diesem Forum und helfe, wo ich kann.«

»Und alle, mit denen du Kontakt hattest, haben es dann getan?«

»Ja, eigentlich schon. Ich kümmre mich aber auch nur um die fest Entschlossenen, die anderen wollen nur Aufmerksamkeit. Das ist sinnlose Zeitverschwendung.«

»Aber vielleicht brauchen die anderen einfach nur noch etwas Zeit?«

»Entweder man ist fest entschlossen oder nicht. Bist du denn fest entschlossen?«

»Ich glaube schon.«

»Du glaubst?«

»Nein, ich weiß es, ich weiß nur noch nicht, wie ich es tun soll?! Wie haben es denn die anderen gemacht, denen du auch geholfen hast?«

»Am Anfang habe ich immer zur Schlinge geraten, das geht am einfachsten, und die meisten haben meinen Rat dann auch angenommen. Einer hat sich vor die U-Bahn geworfen, aber ich finde, ein Herzstich ist das Beste. Das setzt auch irgendwie ein Zeichen.«

»Wieso?«

»Kennst du Romy Schneider?«

»Nein, wer ist das?«

»Das war eine bekannte Schauspielerin. Ist durch diese Sissi-Filme berühmt geworden.«

»Und was ist mit der?«

»Die hat sich auch umgebracht. Allerdings mit Medikamenten. Aber von der hat man immer gesagt, dass sie an gebrochenem Herzen starb, weil ihr das Leben so übel mitgespielt hatte.«

»Ja, kann ich gut verstehen!«

»Bei dir wird man das nicht sagen. Du bist nicht Romy Schneider.«

»Versteh ich nicht.«

»Na, du bist nicht berühmt. Bist du doof.« :-)

»Ach so. Ja, vermutlich. Falls es überhaupt irgendjemand interessiert, wenn ich weg bin.« :-(

»Na ja, deshalb ist der Herzstich so gut. Er ist absolut tödlich, aber auch ein starkes Symbol…«

»Ja, jetzt wo du mir das so sagst. Würde auch zu meiner Gefühlslage passen. Aber ein Stich ins Herz?!«

»Das geht schnell – ich weiß, wovon ich spreche. Ich war ja live dabei.«

»Und die hat das einfach so gemacht?«

»Ja, sie hat sich mit dem Rücken an die Wand gestellt, mir direkt in die Augen gesehen, sich das Messer auf die Brust gesetzt und zugestochen.«

»Und war sie dann sofort tot?«

»Sie ist sanft zu Boden geglitten und eingeschlafen. Deshalb ist der Herzstich so gut. Er ist absolut tödlich, setzt aber, wie gesagt, auch ein starkes Symbol…«

»Vermutlich. Wie heißt du, wenn ich fragen darf?«

»Du lenkst ab.« :-)

»Sorry. Mir ist nur grad aufgefallen, dass ich noch nicht mal weiß, wie du heißt, und dass wir trotzdem über Dinge sprechen, über die ich bisher mit niemandem gesprochen habe.«

»Eigentlich ist es doch völlig egal, wer ich bin oder wie ich heiße. Wichtig ist nur, dass du weißt, dass ich dich absolut verstehe und dir deswegen helfen will.«

»Ja, das ist auch echt lieb. Toll, dass es Menschen wie dich gibt.«

»Aber weil du es bist: Ich heiße Markus. Aber meine Freunde nennen mich Mark.«

»Okay, dann ab jetzt Mark?«

»Gern.« :-)

»Hatte die, von der du vorhin erzähltest, eigentlich Schmerzen?«

»Nein. Da ist so viel Adrenalin im Blut, und außerdem ist der Wille, es endlich durchzuziehen, so stark, da verschwendet man gar keine Gedanken an Schmerz.«

»Und es hat wirklich nicht lang gedauert?«

»Nein, sagte ich doch! Es geht ganz schnell.«

»Und du meinst, das Beste ist, wie sie es gemacht hat?«

»Ja. Man muss es so machen, dass es kein Zurück gibt. Denk an die Klapse!«

»Das stimmt.«

»Hast du dir schon überlegt, wie du es machen willst?«

»Vielleicht mit Tabletten.«

»Schlaftabletten?«

»Ja.«

»Vergiss Schlaftabletten!«

»Warum?«

»Wenn du deine Tabletten nicht über eine Apotheke in Thailand oder Mexiko beziehst, dann wirst du keine Schlaftabletten finden, die tödlich wirken. Die handelsüblichen Schlaftabletten enthalten Brechmittel und Antidepressiva. Das heißt, dass man entweder kotzt, bevor die tödliche Dosis erreicht ist, oder dass man vorher schon wieder so gut drauf ist, dass man keinen Bock mehr hat, sich umzubringen.«

»Du kennst dich wirklich gut aus.«

»Außerdem kostet es ja keine Überwindung mit Tabletten. Das bringt ja jeder.«
»Macht mich das jetzt schlechter? Weil es einfach ist?«
»Du willst doch, dass wirklich Sense ist, oder nicht?«
»Ja, aber das mit dem Herzstich bekomm ich nicht hin.«
»Du hast es ja noch gar nicht probiert.« :-)
»Ich hatte es vor Kurzem mal an den Pulsadern ausprobiert, aber immer, wenn ich angefangen hab zu ritzen, hab ich gleich wieder aufgehört. Ich glaub, ich kann kein Blut sehen.« :-(
»Pulsadern aufschneiden funzt eh nicht... Wenn, dann müsstest du sie dir der Länge nach aufschneiden, und das bekommt kaum jemand hin. Die Adern ziehen sich sonst nämlich zusammen, wodurch die Blutung stoppt.«
»Bist du zufällig Arzt oder so was?« :-)
»Ist doch egal, was ich bin. Es geht hier nur um dich. :-) By the way, wie siehst du eigentlich aus?«
»Ist das wichtig, wie ich aussehe?«
»Sei doch nicht gleich so eingeschnappt. Ich versuch doch nur, mich in dich hineinzuversetzen.«
»Sorry, war nicht so gemeint. Ich schäm mich für mein Aussehen, ich bin zu dick.«
»Und bist du dick?«
»Ich finde schon.«
»Wie dick?«
»Ich weiß nicht. Dick halt.«
»Wie groß bist du und wie viel wiegst du?«
»1,70 Meter und 52 Kilo.«
»Na, das geht doch. Schick mir mal ein Bild von dir.«
»Ich, weiß nicht. Am Ende willst du dann vielleicht nicht mehr mit mir reden.«

»Jetzt mach schon. Dann kann ich mich viel besser in dich hineinversetzen.«

»Ist es dir wichtig, wie ich aussehe?«

»Nein, aber ich muss wissen, wie du aussiehst, damit ich dir besser helfen kann.«

»Ist es schwieriger, mir zu helfen, wenn ich dick bin?«

»Na klar, dicke Leute sterben nicht so leicht.« :-)

»Okay, das wusste ich nicht.«

»Die haben nen dicken Hals und viel Fett um sich herum, da geht das halt alles nicht so einfach.«

»Okay, daran hab ich nicht gedacht. Ich schick dir ein Bild – Moment.«

»Siehst gut aus.«

»Danke, aber verarschen kann ich mich selbst.«

»Ich mein das ernst. Wie lange spielst du schon mit dem Gedanken, dich umzubringen?«

»Vielleicht so seit einem Jahr.«

»Und wieso hast du es bisher nicht getan?«

»Ich konnte es einfach nicht. Und als ich es dann vor ein paar Wochen mit den Pulsadern versucht hab, hat mich irgendwie der Schmerz und das Blut davon abgehalten.«

»Siehst du, du brauchst Hilfe.«

»Ja.«

»Mit dem Herzstich wäre es viel einfacher gegangen.«

»Du meinst, ich soll es lieber so machen?«

»Na klar, denk an die Geschichte mit dem gebrochenen Herzen. Du willst doch sicher, dass deine Schwester und alle anderen an dich denken?«

»Ich glaub, an mich denkt so oder so keiner.«

»Glaub mir, wenn du dir ins Herz stichst, bestimmt!«

»Meinst du wirklich?«

»Ja! Hast du ein langes Küchenmesser da?«

»Ich glaub schon. Aber ich weiß nicht, ob ich es wirklich schaffe, mir ein Messer ins Herz zu stechen. Ich fand es schon so schwierig mit den Schnitten an meinen Handgelenken. Gibt es denn nichts Besseres?«

»Nichts ist besser als ein Herzstich!«

»Irgendwas, wobei ich nicht so viel tun muss ... So wie bei den Tabletten ...«

»Vergiss endlich die Tabletten! Das dauert ewig, und am Schluss wirken sie nicht. Dann landest du in der Klapse und musst jeden Tag Tabletten fressen! Willst du das?«

»Nein.«

»Zeig mal, welche Messer du da hast.«

»Okay, ich geh schnell in die Küche.«

»Mach mal den Videochat an, dann kannst du sie mir besser zeigen.«

»Okay. Siehst du mich?«

»Ja.«

»Komisch, ich kann dich nicht sehen.«

»Ich kann dich gut sehen.«

»Ich dich nicht. Das Videochatfenster ist schwarz.«

»Das liegt bestimmt an meiner schlechten Internetverbindung. Ich kann dich jedenfalls gut sehen. Also, zeig mal die Messer!«

»Okay.«

»Ja, die sind doch ganz brauchbar. Das letzte, das du mir gezeigt hast, würde ich an deiner Stelle nehmen.«

»Das ist ganz schön groß. Das soll ich mir ins Herz stechen?«

»Ich seh schon. Das wird eine schwierige Nummer mit dir.«

»Ich find die Vorstellung einfach komisch...«

»Du musst das schon auch wollen. Aber vielleicht bist du ja eine von denen, die sich nur wichtigmachen wollen und anderen die Zeit stehlen.«

»Nein, wirklich nicht. Ich will es ganz sicher tun! Bitte glaub mir. Ich hab nur Probleme mit Messern.«

»Bist du dir wirklich sicher? Ich hab nämlich keine Lust, meine Zeit mit dir zu verschwenden, wenn ich anderen, die mich wirklich brauchen, helfen könnte.«

»Ich will es tun. Bitte, geh nicht!«

»Gut, ich denke, dann ist es für dich die beste Methode, einen Gürtel zu nehmen.«

»Wie meinst du das?«

»Ganz einfach: Du nimmst einen Gürtel, ziehst das Ende durch die Gürtelschnalle, sodass du eine Schlaufe hast, und bindest es an der Tür fest. Dann legst du den Kopf in die Schlinge und sackst einfach in die Knie... dauert keine 30 Sekunden, und schon ist es vorbei.«

»Ja, hab ich hier auch schon mal gelesen, dass das manche so machen.«

»Aber?«

»Ich weiß nicht, ob ich es kann.«

»Jetzt hör bloß auf. Das ist eh schon die Mädchenmethode!«

»Was meinst du damit?«

»Na, dass sich so eigentlich nur die ganz Labilen umbringen, die auch sonst nichts auf die Reihe bringen.«

»Aber das passt ja dann für mich.« :-(

»Ja, aber dann mach's halt auch und red nicht nur rum.«

»Du meinst, ich soll es jetzt tun?«

»Klar, wann denn sonst?«

»Also, jetzt im Sinne von *jetzt gleich*?«

»Ich hab dir doch grad eben schon gesagt, dass ich hier nicht zum Spaß bin. Je länger du wartest, desto schwieriger wird es. Ich bin ja bei dir.«

»Ich weiß nicht.«

»Glaub mir, gemeinsam bekommen wir das schon hin.«

»Hm, und du meinst, das mit dem Gürtel ist die beste Methode?«

»Nein, die beste Methode ist die mit dem Herzstich, aber da stellst du dich ja so an.«

»Es tut mir leid, dass ich so kompliziert bin.«

»Natürlich gibt es auch noch andere Methoden, aber ich denke, für dich soll es dann der Gürtel sein. Das läuft quasi ganz von selbst.«

»Du meinst, so wie bei den Schlaftabletten?«

»Ja, aber viel besser, denn die Gürtelmethode funktioniert ganz sicher. Hast du etwas da, mit dem du dir die Hände fesseln kannst?«

»Wieso?«

»Die Gürtelmethode verspricht nur dann 100% Erfolg, wenn man sich die Hände fesselt. Der Körper könnte sonst aus einem Reflex heraus versuchen, sich doch noch aus der Schlinge zu befreien.«

»Puh, da hätte ich jetzt gar nicht dran gedacht.«

»Gut, dass du mich hast.« :-)

»Allerdings. :-) Meine Schwester und ihr Freund stehen auf so Fesselzeugs beim Sex, das hat sie mir mal erzählt. Da finde ich bestimmt was. Moment.«

»Und? Fündig geworden?«

»Ja, ich hab Handschellen. Siehst du sie?«

»Ja, das könnte klappen. Jetzt musst du nur noch den Gürtel so wie besprochen präparieren, und schon können wir loslegen.«

»Wow, mit dir geht das jetzt alles so schnell. Hatte ich gar nicht mit gerechnet.«

»Du kannst es! Sei kein Feigling. Hol den Gürtel und überleg nicht lange.«

»Du meinst, ich soll es jetzt sofort tun?«

»Klar! Hol das Ding jetzt, mach die Schlaufe und befestige das Ende des Gürtels an der Türklinke.«

»Willst du mir dabei zusehen?«

»Ich will für dich da sein. Glaub mir, es ist einfacher für dich, wenn du merkst, dass jemand bei dir ist.«

»Okay. Aber ich seh dich immer noch nicht, Mark.«

»Ich seh dich dafür gut, ich bin ganz bei dir. Also, jetzt mach das mit dem Gürtel, so wie ich's dir gesagt habe.«

»Gut.«

»Und denk an die Handschellen, bevor du dich in den Gürtel fallen lässt.«

»Ja, ich hab alles hier, außerdem ist doch jetzt eh schon alles egal.«

»Kannst du noch deine Webcam auf die Tür ausrichten, sodass ich ganz bei dir sein kann?«

»Warte, so?«

»Okay, gut, wollen wir loslegen?«

»Ja, also dann danke, und lieb, dass du bei mir bleibst.«

Einen Tag später fand Laras Schwester den leblosen Körper des Mädchens. Lara hing mit einem Gürtel um den Hals und in sich zusammengesackt an der Türklinke ihres Zimmers. Mit aller Kraft musste die Schwester die Zimmertüre aufschieben. Schwer hing Lara an der Tür, die den Leichnam beim Öffnen mitschleifte. Ihre Hände waren hinter dem Rücken mit Handschellen gefesselt. Erste Fliegen, die durch das gekippte Fenster in das abgedunkelte Zimmer gelangt waren, hatten die Leiche besiedelt. Der Schein des flimmernden Computerbildschirms spendete gerade so viel Licht, dass die Schwester sehen konnte, was geschehen war. Es war ein Anblick, den sie nie wieder vergessen sollte.

Laras Schwester hatte damals sofort den Notarzt gerufen, doch der konnte nichts mehr tun. Durch Laras Eigengewicht hatte der Gürtel beide Halsschlagadern abgedrückt, die Schlinge hatte sich regelrecht in den Hals eingeschnürt. Schon nach fünfzehn bis dreißig Sekunden muss die junge Frau bewusstlos und nach gut zehn Minuten tot gewesen sein. So lange dauert es in der Regel, bis die Gehirnzellen durch die Sauerstoffunterversorgung absterben, verursacht durch die Blutstauung.

Insbesondere wegen der Fesselung mit den Handschellen alarmierte der Notarzt die Polizei. Es dauerte nicht lange, ehe die Polizisten das Chatprotokoll entdeckten, das noch auf dem laufenden Computerbildschirm geöffnet war. Der Inhalt der Konversation unmittelbar vor dem Tod des Mädchens veranlasste die Beamten, die Mordkommission einzuschalten.

Nach genauer Durchsicht des Chatverlaufs bestand für die Ermittler kein Zweifel mehr: Die Selbsttötung der

23-Jährigen wurde maßgeblich durch ihren Chatpartner »Mark« beeinflusst, wenn nicht sogar initiiert. Vermutet wurde eine Tötung durch Fremdverschulden, ohne dass der Täter selbst bei seinem Opfer Hand anlegen musste. War es das? Der perfekte Mord?

Leider muss ich diese Frage mit Ja beantworten. Selbst mit dem noch geöffneten Chatfenster ist es der perfekte Mord. Denn in der Sekunde, in der Sie diese Zeilen lesen, tummelt sich Laras Chatpartner vielleicht gerade wieder in einem der zahlreichen Suizidforen, wo er auch Lara angesprochen hatte. Und offenbar war Lara nicht die erste und wahrscheinlich auch nicht die letzte junge Frau, die Mark in den Freitod getrieben hat. Auch wenn er beteuerte, einfach nur helfen zu wollen, wahrscheinlicher ist, dass der edle Retter sich in Wahrheit an den Todesfantasien seiner Chatpartner oder eben auch live übertragenen Selbsttötungen ergötzt oder sogar sexuell befriedigt.

Dennoch stellte die zuständige Staatsanwaltschaft das eingeleitete Ermittlungsverfahren sofort wieder ein. Mark, Markus oder wie auch immer derjenige eigentlich heißt, der Lara mit seiner perfiden Argumentation in den Tod getrieben hat, wurde gar nicht erst ermittelt, geschweige denn vernommen, verhaftet oder gar vor Gericht gestellt.

Juristisch betrachtet kann nur jemand, der einen anderen Menschen tötet, ein Tötungsdelikt begehen. Das gilt sowohl für Tatbestände wie Mord oder Totschlag als auch für die anderen mit Strafe bewehrten Formen der Tötung, wie etwa eine fahrlässige Tötung oder eine Tötung auf Verlangen. Das Gesetz ist hier eindeutig.

Wer sich hingegen selbst tötet, der macht sich – zumindest nach deutschem Recht – nicht strafbar. Nun gut, werden Sie sagen, wer sich selbst umbringt, dem wird eine irdische Strafe so oder so egal sein. Problematisch würde es für den Suizidenten aber, wenn er den Selbsttötungsversuch überleben würde und Selbstmord strafbar wäre. Dann wäre die Frage nach der Schuld des Suizidenten plötzlich von Bedeutung, und er könnte wegen versuchten Mordes an sich selbst bestraft werden. Das aber wäre in vielerlei Hinsicht unangemessen. Es dürfte einleuchten, dass nicht auch noch bestraft werden sollte, wer seinem Leben ein Ende setzen will, solange er damit niemand anderem schadet, denn eine freiwillige Selbstschädigung ist nach deutschem Recht grundsätzlich nicht strafbar, solange nicht in die Rechtskreise weiterer Personen eingegriffen wird. Aus derselben Überlegung ist etwa auch der bloße Konsum von Drogen nicht strafbar.

Lara wäre im Falle ihres Überlebens für ihre Tat nicht bestraft worden. Was aber ist mit Mark? Aus dem Chat ergibt sich eindeutig, dass er Lara geradezu zum Suizid drängte und ihr ganz maßgeblich bei der Selbsttötung half. Nach der Rechtsprechung reicht für die strafbare Anstiftung zu einem Tötungsdelikt bereits die bloße Herbeiführung einer verlockenden Situation aus, zum Beispiel wenn ein Räuber, der gerade ein Juweliergeschäft überfallen hat und auf der Flucht von einem couragierten Bürger verfolgt wird, absichtlich eine wertvolle Uhr fallen lässt, um seinen Verfolger von der Verfolgung abzubringen. Nimmt der Verfolger diese – wie vom Räuber vorgesehen – an sich, um sie für sich zu behalten, macht sich der Räuber auch noch der Anstiftung zur Unterschlagung strafbar.

Eine Beihilfehandlung ist hingegen nach überwiegender Ansicht dann strafbar, wenn sie die Haupttat fördert. Neben aktiver und konkreter Hilfeleistung, also physischer Beihilfe, fällt darunter auch motivierendes Bestärken, die sogenannte psychische Beihilfe. Wenn Sie den Bankräuber also zur Bank fahren oder einem vorbeieilenden Räuber auf dem Weg in die Bank noch viel Glück wünschen, sind Sie dran.

Warum ist dann aber Markus noch auf freiem Fuß?

Die Straflosigkeit des Suizids hat eine Konsequenz, die sich aus ebendieser strafrechtlichen Gesetzessystematik speist. Beihilfe und Anstiftung zu einer Straftat sind nur dann möglich, wenn es eine strafbare Haupttat gibt, zu der man jemanden anstiften oder bei der man Hilfe leisten kann. Wenn Sie für einen Bankräuber Schmiere stehen, dann können Sie ebenso wie der Bankräuber dafür bestraft werden – wenn auch nicht ganz so hart. Wenn Sie jemanden dazu anstiften, einen Menschen zu töten, werden Sie genauso hart bestraft wie der eigentliche Mörder. Es macht dann also keinen Unterschied mehr, ob man bei der Tat aktiv mitgewirkt hat oder nicht.

Nach der Systematik des deutschen Strafrechts basiert aber der Unwert einer Teilnahme an der Straftat eines anderen auf der Haupttat selbst. Wer diese fördert oder jemanden zu der Tat anstiftet, muss bestraft werden. Irgendwie logisch, denn im Zweifel wird beispielsweise ein Auftragskiller weniger Interesse an einem Mord haben als sein Auftraggeber. Es ist also nur gerecht, wenn auch diesem eine harte Strafe zukommt. Was aber, wenn keine strafbare Haupttat vorliegt? Die logische Antwort kann nach dieser Gesetzessystematik nur lauten, dass in diesem Fall auch eine Anstiftung oder Beihilfehandlung nicht strafbar ist. Denn die Hilfe zu einer Tat, die nicht strafbar ist, kann dann gezwungenermaßen auch nicht strafbar sein. Genauso verhält es sich in unserem Fall.

Wäre Laras Selbstmord also strafbar, könnte man Markus bestrafen. Dem ist aber nicht so. Wer einer anderen Person beim Suizid hilft, indem er beispielsweise Schlaftabletten besorgt oder psychische Beihilfe leistet, der kann dafür nicht belangt werden.

Sind es verzweifelte Angehörige oder Freunde, die Beihilfe zum Suizid leisten, mag man dafür Verständnis aufbringen, aber sollten auch Anstifter mit erkennbar unlauteren Motiven straflos davonkommen?

Immerhin, eine gesetzlich anerkannte Ausnahme gibt es von der grundsätzlichen Straflosigkeit des Suizidhelfers. Wenn man gewerbsmäßig Menschen dabei hilft, sich selbst zu töten, ist das strafbar. Hiermit will man dem Sterbetourismus (z.B. in Holland oder in der Schweiz) im Rahmen der passiven Sterbehilfe Einhalt gebieten, wo Sterbewilligen vom Sterbehelfer Medikamente zur Verfügung gestellt werden, mit denen sie sich durch Einnahme selbst töten können. (Nicht zu verwechseln mit der sogenannten aktiven Sterbehilfe, bei der die todbringende Handlung nicht durch das Opfer selbst, sondern von einem Dritten durchgeführt wird.)

»Mark« aber förderte Laras Tod nicht geschäftsmäßig – nachweislich forderte er von Lara für seine »Hilfe« keine finanzielle Leistung ein.

Aber auch wenn »Mark« sich Lara als »Helfer« andiente – wird diese Bezeichnung seiner Rolle überhaupt gerecht? Rief er nicht erst den Entschluss in Lara hervor und nutzte ihre düstere Stimmung beim Surfen im Suizidforum, um sich an ihrem Tod aufzugeilen? War Mark nicht einfach nur Gehilfe, sondern vielmehr Täter?

Von moralischer Seite betrachtet ist die Sache simpel: Vermutlich hätte sich Lara zumindest an diesem Abend ohne die »Hilfe« von Mark nicht getötet. Mark selbst hatte keine nachvollziehbare Motivation, der ihm völlig unbekannten Lara zu »helfen« – es sei denn, es kam ihm darauf an, sie sterben zu sehen. Man kann also sagen, dass er, moralisch gesehen, für ihren Tod zumindest mitverantwortlich ist.

Juristisch betrachtet ist der vorliegende Fall allerdings komplizierter. Hätte Mark selbst Hand angelegt und Lara eigenhändig getötet, wäre es bei einem Sichaufgeilen sogar Mord zur Befriedigung des Geschlechtstriebs gewesen. Aber so waren es ausnahmslos seine Worte, die Lara veranlassten, sich das Leben zu nehmen.

Ist ein solcher Fall also eine gänzlich straflose Selbsttötung, zu welcher, wie oben ausgeführt, weder Beihilfe geleistet noch angestiftet werden kann? Oder ist Laras Tod eben doch fremdverschuldet und damit womöglich aktive Sterbehilfe, fahrlässige Tötung, Töten durch Unterlassen, Totschlag oder gar Mord?

Wie oben gezeigt könnte besagter Mark nur, wenn Laras Tod nicht als Suizid einzustufen wäre, auch wegen eines Tötungsdeliktes bestraft werden – also dann, wenn strafrechtlich betrachtet keine Selbst-, sondern eine Fremdtötung vorgelegen hätte. Diese Abgrenzung erfolgt grundsätzlich danach, ob die Herrschaft über den Geschehensablauf des lebensbeendenden Akts beim Opfer selbst oder bei einem anderen Beteiligten liegt. Es soll also ganz maßgeblich darauf ankommen, wer den Geschehensablauf im kritischen Moment beherrscht. Wenn die sterbewillige Person bis zuletzt die freie Entscheidung über ihr Schicksal behält, sie also den Beginn des tödlichen Kausalverlaufs (also die zum Tod führende Handlung) nach Belieben bestimmen konnte, dann wird eine »Tatherrschaft« durch einen möglichen außenstehenden Täter üblicherweise verneint. Bloße Hilfestellung beim Suizid durch Bereitstellung von Tatmitteln, durch »Tipps«, durch Bestärkung oder gar Hervorrufung des Entschlusses zur Tat – solches Verhalten ist also grundsätzlich straflos.

Die »Tatherrschaft« kann allerdings auch innehaben, wer selbst gar nicht am Tatort ist, sondern das Geschehen »planvoll-lenkend« aus der Ferne kontrolliert. Auch aus der Ferne könnte Mark als Täter gehandelt haben, wenn er nur die Entscheidungsgewalt über Laras Tod hatte.

Dem war aber offensichtlich nicht so. Lara hatte zu jedem Zeitpunkt die alleinige Kontrolle über den unmittelbar zum Lebensende führenden Akt. Sie hat den Gürtel selbst geknüpft, sich selbst die Handschellen angelegt und den Kopf ganz allein in die todbringende Schlaufe gesteckt.

Die strenge Abgrenzung von Mord und Selbstmord führt, das werden Sie bemerkt haben, teilweise zu schwer erträglichen Ergebnissen.

Denn was, wenn der Täter zwar nicht selbst Hand anlegt, aber einen so starken Einfluss auf das Opfer hat, dass er es aufgrund der seelischen Abhängigkeit lenken kann? Kann man da wirklich noch von freiverantwortlicher Selbstschädigung des Opfers sprechen? Sicherlich nicht. Deshalb wird nach dem deutschen Strafrecht auch derjenige bestraft, der eine Straftat im Zuge der sogenannten mittelbaren Täterschaft »durch« einen anderen begeht – als »Täter hinter dem Täter«, als »überlegener Hintermann«, der sich eines menschlichen »Werkzeugs« bedient. Der Unterschied zum Anstifter besteht rechtlich betrachtet darin, dass es bei der mittelbaren Täterschaft nicht auf eine strafbare Haupttat ankommt, sondern der Hintermann die ausführende Person der Tathandlung quasi als »Werkzeug« zum Zwecke der Begehung einer eigenen Tat kontrolliert.

Alles klar? Vermutlich angesichts der auch für Juristen schwierigen Thematik eher nicht! Also sehen wir uns das Ganze mal anhand eines einfachen Beispiels an: Wenn ein Dieb einen gutgläubigen Passanten bittet, »seinen« Koffer aus dem Taxi zu nehmen, dieses Gepäckstück aber in Wirklichkeit einem anderen gehört, handelt der Passant ohne Vorsatz und damit straflos – schließlich will er den anderen nicht beklauen, sondern denkt, er handele völlig rechtmäßig. Der Dieb dagegen benutzt den Passanten, respektive dessen Gutgläubigkeit, als Werkzeug zur Begehung seiner Straftat durch einen anderen und ist damit wegen »Diebstahls in mittelbarer Täterschaft« zu bestrafen. Entscheidend für die Abgrenzung zur Anstiftung oder Beihilfe ist, dass die eigentlich handelnde Person als »Werkzeug« des Hintermanns tätig wird, sich selbst also nicht oder nicht in gleicher Weise strafbar gemacht hat. Die als

»Werkzeug« des Hintermannes tätige Person muss also ein »Strafbarkeitsdefizit« haben, sie könnte beispielsweise ohne Vorsatz oder schuldlos handeln – so wie der gutgläubige Kofferträger in unserem Beispiel.

Nun kann man es sich noch leicht vorstellen, in einen Diebstahl verwickelt zu werden – aber in ein Tötungsdelikt? Wie sollte man in so einem Fall instrumentalisiert werden? Doch, auch im Bereich der Kapitaldelikte sind Fälle der »mittelbaren Täterschaft« vorstellbar: Wenn der Täter etwa einem Kind eine echte Waffe als »Spielzeugpistole« andreht, um durch dessen »Spiel« einen Mord zu begehen, dann kann das Kind sowohl mangels Strafmündigkeit als auch mangels Vorsatz nicht bestraft werden – der eigentliche »mittelbare Täter« aber eben schon.

Tatsächlich ist die »mittelbare Täterschaft« auch bei Tötungsdelikten gar nicht so selten, einige Fälle haben es sogar zu großer Berühmtheit gebracht. So zum Beispiel der unter Juristen legendäre »Katzenkönig-Fall« oder aber auch der nicht weniger berüchtigte »Sirius-Fall«, wobei gerade Letzterer einige Parallelen zum Tod von Lara aufweist.

Die Vorgeschichte: Der redegewandte Rüdiger lernte in einer Disco die unsichere und komplexbeladene junge Marianne kennen. Schnell entwickelte sich zwischen den beiden eine ungleiche Freundschaft, in der Rüdiger im Rahmen gelegentlicher Treffen und stundenlanger Telefongespräche mit Marianne über Psychologie, Philosophie und Mystik diskutierte und in der Rolle des Mentors auftrat. Schon bald vertraute Marianne diesem neuen Freund nahezu blind, selbst als der ihr immer absurdere und unglaubwürdigere Lügengeschichten auftischte und behauptete, er sei ein außerirdischer Gesandter vom Planeten

Sirius, ein sogenannter »Sirianer«. Diese Sirianer seien der Menschheit spirituell und philosophisch weit überlegen. Seine Mission auf dem unterentwickelten Planeten Erde bestehe darin, einige auserwählte »Erdlinge« wie Marianne auf eine höhere Entwicklungs- und Bewusstseinsebene zu erheben. Marianne müsse sich aber zuerst geistig und philosophisch weiterentwickeln, damit ihre Seele in einem neuen Körper auf Sirius wiedergeboren werden könne.

Marianne glaubte ihm, woraufhin Rüdiger beschloss, sie auszunehmen. Marianne gab daraufhin ihr gesamtes Vermögen aus, nahm sogar einen Kredit auf. Das Geld floss in die Meditationen eines sirianischen »Mönches« namens Uliko. Rüdiger hatte freundlicherweise den Kontakt zu dem sehr scheuen Mönch hergestellt und ihm auch gleich das ganze Geld »weitergeleitet«. Laut Rüdiger meditierte er für Mariannes Seelenheil. Als sich die versprochenen spirituellen Superkräfte bei Marianne nicht so recht einstellen wollten und sie sich bei Rüdiger erkundigte, war sie natürlich selbst schuld an den ausbleibenden Fortschritten: Der tapfere Mönch habe sich bei seinen Versuchen in große Gefahr begeben, sei aber an Mariannes starker innerer Sperre gegen die geistige Weiterentwicklung gescheitert. Den Mönch Uliko gab es natürlich genauso wenig wie die Sirianer vom Planeten Sirius, lediglich die Geschichte von Mariannes »starker innerer Sperre gegen geistige Weiterentwicklung« hatte vermutlich einen wahren Kern.

Nachdem Rüdiger von Mariannes Geld einige Monate gut gelebt hatte, sie jetzt aber bedauerlicherweise pleite war, musste er sich etwas Neues einfallen lassen. Mariannes »geistige Blockade«, so hatten Rüdiger oder Uliko herausgefunden, könne nur durch die Vernichtung ihres alten und die Beschaffung eines neuen Körpers beseitigt werden. Glücklicherweise hatten die hilfsbereiten Sirianer bereits einen neuen Körper für Marianne in einem roten Raum an einem See bereitgestellt, sie musste also nur noch ihren alten Körper loswerden. Bei der Gelegenheit, so riet ihr Rüdiger, würde es sich allerdings anbieten, vorher noch schnell eine dicke Risikolebensversicherung abzuschließen, sodass sie in ihrem neuen Leben gleich auch finanziell so richtig durchstarten könnte. Selbstverständlich würde ihr guter Freund Rüdiger mit dem ganzen Geld in der Nähe des Ortes ihrer Wiedergeburt auf sie warten.

Erschreckenderweise stand Marianne – möglicherweise aufgrund ihrer »geistigen Blockaden« – auch diesem Plan recht aufgeschlossen gegenüber. Rüdiger gab ihr auf dieser spirituellen Reise übers Telefon Anweisungen. Um ihren lästigen alten Körper endlich loszuwerden, sollte sie einfach einen Föhn in die Badewanne fallen lassen. Zu Mariannes Glück hatte Rüdigers nahezu perfekter Plan eine Schwachstelle: Sie starb einfach nicht, diesem dummen Fehlerstrom-Schutzschalter im Sicherungskasten sei Dank. Nach mehreren Versuchen und immer neuen telefonischen Anweisungen eines erkennbar entnervten Rüdigers gab Marianne schließlich auf. Als sich der vormals so selbstlose Rüdiger am Telefon darüber aufregte, dass sie immer noch lebe, kamen selbst der leichtgläubigen Marianne Zweifel an der Wahrhaftigkeit der »sirianischen Mission«. Der ganze Schwindel flog auf und Rüdiger wurde unter anderem wegen versuchten Mordes an Marianne in mittelbarer Täterschaft verurteilt.

Ganz selbstverständlich war diese Verurteilung wegen versuchten Mordes auch aus juristischer Sicht aber nicht. Denn hätte man die Grundsätze zum Suizid und der Abgrenzung von Fremd- und Eigenverschulden zur Anwendung gebracht, hätte Rüdiger zumindest bezüglich des versuchten Tötungsdelikts straflos aus der Sache rausgehen müssen. Aber im »Sirius-Fall« soll nach Auffassung der hohen Richter der raffinierte Rüdiger die abergläubische Marianne wie ein »Werkzeug« gegen sich selbst ausgenutzt haben. Sie selbst beging also einen straflosen Selbstmordversuch, gleichzeitig soll sie aber auch durch ihr eigenes Handeln quasi als »Tatwerkzeug« für Rüdigers Mord an ihr selbst (!) gehandelt haben. Also ähnlich dem obigen Beispiel mit dem Kind, dem man eine geladene »Spielzeugpistole« in die Hand drückt, nur mit dem Unterschied, dass es sich mit der in Wahrheit scharfen Waffe – wie vom Täter gewollt – selbst umbringt.

Ob diese juristische Konstruktion rechtsdogmatisch wirklich so sauber ist, daran scheiden sich die Geister. Hinter dem Urteil scheint wohl auch der Wunsch zu stehen, einen derart unmoralischen Täter wie Rüdiger nicht so billig davonkommen zu lassen.

Womit wir wieder bei Mark angekommen wären. Nach dem Exkurs hinab in die Abgründe der Theorie und hinauf auf den Planeten Sirius stelle ich Ihnen die Frage: Hat auch Mark durch seine manipulativen Anweisungen die unglückliche Lara wie ein Werkzeug gegen sie selbst eingesetzt und sie somit in mittelbarer Täterschaft getötet? Hat sich Laras Chatpartner also auch eines Mordes strafbar gemacht – Mord deshalb, weil er die Tat zum Beispiel zur Befriedigung seines Geschlechtstriebs begangen hat oder um einen Menschen »live« sterben zu sehen, was besonders niederträchtig wäre?

Nach der Argumentation des Bundesgerichtshofs im »Sirius-Fall« kann als mittelbarer Täter handeln, wer das Opfer »kraft überlegenen Wissens« als Werkzeug gegen sich selbst missbraucht.

Marianne ließ den Föhn in der Hoffnung ins Wasser fallen, sofort in einem neuen Körper zu erwachen – so wie es Rüdiger ihr versprochen hatte. Der Gedanke an einen Selbstmord im eigentlichen Sinn kam ihr dabei nicht. Genau diesen Umstand nutzte Rüdiger aus.

Lara dagegen wusste, was sie tat, immerhin suchte sie im Internet in einem Suizidforum gezielt Ratschläge. Zwar wurde sie dabei von Mark nicht nur unterstützt, sondern geradezu bedrängt, aber dass Mark sein überlegenes Wissen über die Folgen ihres Suizids vor Lara verheimlicht und ausgenutzt hätte? Das war nicht der Fall.

Es war auch nicht so, dass sie von Mark psychisch besonders abhängig gewesen wäre, sie kannte ihn ja vorher gar nicht.

Ob man also wirklich juristisch zu dem Ergebnis kommen kann, dass Lara nur ein Werkzeug gegen sich selbst war? Schwierig.

Hatte Mark sich mit seinen »Tipps«, »Tricks« und »Empfehlungen« an Lara also tatsächlich nicht strafbar gemacht?

Um es kurz zu machen:

Ja. Zwar könnte man noch an eine »Tötung durch Unterlassen« oder an »fahrlässige Tötung« denken, aber nichts von alledem trifft auf Mark zu, so absurd es auch erscheinen mag.

Die fahrlässige Tötung scheitert daran, dass Mark nicht

die tödliche Handlung ausgeführt hat, und aktive Sterbehilfe setzt ja schon begrifflich voraus, dass aktiv, also durch die Hand eines anderen, der Tod herbeigeführt wird.

Und die »Tötung durch Unterlassen«? Der Gesetzgeber behält sich damit vor, auch denjenigen zu bestrafen, der es unterlässt, jemandem in Not zu helfen, obwohl er dazu verpflichtet wäre. Doch nicht jeder ist dazu verpflichtet zu helfen. Dies trifft lediglich auf Verwandte des Opfers zu oder auf jemanden, der aus sonstigen rechtlichen Gründen zum Einschreiten verpflichtet wäre. Diese Pflicht wird also juristisch sehr eng ausgelegt, denn immerhin wird jemand bestraft, der nichts getan hat oder, genauer, der aktiv nichts getan hat. Kurzum: Eine solche gesetzliche Einstandspflicht hatte Mark nicht.

Obwohl Mark also ganz maßgeblich an dem Tod der 23-jährigen Lara mitgewirkt hat, so hat er sich aus juristischer Sicht doch nicht strafbar gemacht. Er hat also einen anderen Menschen auf dem Gewissen und kommt straflos davon.

Im deutschsprachigen Raum gibt es übrigens etwa dreißig Todesforen wie das, in dem sich Lara und Mark kennengelernt haben – weltweit sind es einige Tausend. In jedem dieser Foren gibt es weit mehr als 50 000 Chats. In diesen Chats zählen etwa 1000 oder mehr Diskussionsteilnehmer zu denen, die Tag für Tag anderen in den Tod »helfen«. In Kennerkreisen werden diese »Helfer« auch »Stamm-Poster« genannt. Wer also wie Mark Menschen in den Tod treiben oder das Sterben gar live miterleben möchte, der bleibt derzeit straflos.

Methoden zum Selbstmord werden in Internetforen zuhauf erläutert, ob Stricklänge, Knotenknüpfung, Fallhöhe oder ob der Sprung vor einen Zug effektiver ist als der vom Hochhaus, wie man an Schusswaffen kommt und welche Medikamente wie schnell wirken.

Oftmals werden entsprechende Hilfsmittel sogar zum Kauf angeboten. Eigens angelegte Linklisten führen direkt zu Bestellformularen bei indischen oder philippinischen Online-Apotheken.

Und obwohl das alles nicht neu ist, nehmen deutsche Behörden die Problematik bislang kaum ernst: Auf seine Anfrage an die Zentralabteilung »Verdachtsunabhängige Recherche im Internet« des Bundeskriminalamts erhielt ein Reporter die Antwort, »Suizid sei nicht strafbar« – und das Ganze sei ohnehin »Ländersache«.

Selbst Minderjährige sind gesetzlich nicht vor »Stamm-Postern« geschützt, denn das deutsche Strafrecht stellt nicht etwa auf die Geschäftsfähigkeit ab, die bekanntermaßen erst ab 18 Jahren gilt.

Fälle wie der einer 17-Jährigen aus Leipzig muten vor diesem Hintergrund skurril an. Das Mädchen hatte über einen Chat bei einem dieser »Helfer« ein todbringendes Medikament geordert. Als sie nicht zahlen konnte, erhielt sie von dem anonymen Absender prompt eine Mahnung.

Und so gelangen wir zu der Erkenntnis, dass es durchaus legal ist, ein 17-jähriges Mädchen zum Suizid anzustiften, ihr dabei zu helfen und sich an dem Livestream ihres Todeskampfes aufzugeilen. Aber die Mahnung wegen der nicht bezahlten Todesmedikamente ist – aufgrund der nicht vorhandenen Geschäftsfähigkeit – illegal.

KATZENKÖNIG

Es erschien den Ermittlern völlig rätselhaft, warum der stets zuverlässige junge Polizeibeamte die attraktive Blumenhändlerin getötet hatte. Schließlich kannte er sein Opfer nur flüchtig. Und dennoch hatte er sich zu dieser äußerst grausamen Tat entschlossen.

Zu diesem Zeitpunkt ahnte niemand, dass ausgerechnet dieser Fall zu einem der berühmtesten der deutschen Nachkriegsprozesse werden würde.

Am Vorabend hatte der Polizeibeamte an der Tür der Privatwohnung seines Opfers geklingelt. Normalerweise hätte sie um diese Zeit niemandem mehr geöffnet. Da ihr Mann ihr den Polizisten aber ein paar Tage zuvor als Bekannten vorgestellt hatte, hegte sie kein Misstrauen. Aus ihrer Sicht gab es keinen vernünftigen Grund, ihm nicht die Tür zu öffnen, zumal sie sein Anliegen emotional sehr berührte. Er habe bei seiner Freundin etwas gutzumachen und benötige dringend Blumen, am besten rote Rosen. Was für ein Gentleman, der so viel Herzblut investiert, um noch des Nachts jemandem eine solche Freude zu bereiten, hatte sie noch gedacht, als sie zusammen mit ihm in den Blumenladen ins Erdgeschoss gegangen war. Sie suchte ihm sogar extra ein paar der schönsten roten Rosen aus, eine frische Lieferung aus Holland. Als sie sich dabei nach vorne beugte, zog der Polizist plötzlich ein gut zwanzig Zentimeter langes Messer aus seiner Jackentasche und rammte es der Frau unvermittelt in den Hals. Er verfehlte die Schlagader nur um Haaresbreite. Lebensgefährlich verletzt ging sie zu Boden. Er ließ aber nicht von ihr ab, sondern stach immer wieder mit weit ausholenden Bewegungen auf sie ein. Die Ärzte zählten später siebzehn Einstiche. Beim letzten Stich kniete er sich auf ihren Rücken und drückte sie mit seinem ganzen Körpergewicht nach unten. Dann nahm er das Messer, stach ihr nochmals mit Wucht in den Hals, drehte es in der Wunde herum und zog es langsam über den Hals in Richtung Kehle, um diese aufzuschlitzen.

Durch den Lärm und die Schreie aufgeschreckt, eilten einige Nachbarn zu Hilfe, die allerdings bei dem grausigen Anblick des blutüberströmten Opfers, dem bewaffneten Täter und dem im Nachtschatten silbrig glänzenden Messer sofort wieder die Flucht ergriffen. Nun floh auch der Täter. Sein Opfer ließ er in einer riesigen Blutlache zurück.

Wie durch ein Wunder hatte die junge Frau den Angriff jedoch überlebt. Sie konnte sogar noch den Täter benennen, ehe sie bewusstlos wurde und die herbeigerufenen Sanitäter sie unter laufender Reanimation ins nächstgelegene Krankenhaus brachten. Der Täter, der fast zeitgleich mit seinen Kollegen bei sich zu Hause eintraf, ließ sich widerstandslos festnehmen.

Dass die Polizisten mit ihrem Kollegen den Richtigen festgenommen hatten, stand außer Frage. Nicht nur, dass das Opfer ihn als Täter benannt hatte, bei seiner Festnahme hatte er sogar noch das Tatmesser bei sich, und seine Kleidung war vom Blut seines Opfers getränkt. Die Frage nach dem perfekten Mord erübrigt sich unter diesen Bedingungen eigentlich. Einen Ansatzpunkt für eine erfolgreiche Verteidigung konnte man unter diesen Umständen vergeblich suchen.

Der Polizist machte nicht einmal ansatzweise irgendwelche Anstalten, sich herauszureden oder die Tat irgendwie abzustreiten. Bereits bei seiner ersten Vernehmung war alles, was er zu der grausamen Tat sagte oder vielmehr fragte, ob denn sein Opfer endlich tot sei. Mehr nicht. Sein eigenes Schicksal schien dem Verhafteten egal zu sein. Der Kollege, der die Vernehmung leitete, gewann immer mehr den Eindruck, der Täter wünsche sich ungeduldig, ja geradezu ängstlich nichts sehnlicher als den Tod der jungen Frau.

Auch als nach einer intensiven ärztlichen Behandlung nahezu sicher war, dass die Blumenhändlerin überleben würde, wollte er es kaum wahrhaben. Immer wieder fragte er nach ihr und ob sie denn nun tot sei. Dabei umklammerte er ein kleines Metallkreuz, das an einer Kette um seinen Hals hing. Offensichtlich war der Mann tiefgläubig.

Während der Untersuchungshaft schwieg der Täter eisern über sein Motiv. Die Frage nach dem Warum wurde für die Ermittler zu einem unerklärbaren Mysterium. Der Polizist hatte noch nicht einmal Hass gegenüber dem Opfer gehegt, im Gegenteil, anscheinend bereute er die Tat sogar, wenngleich er offenbar zutiefst bedauerte, dass die junge Frau noch lebte. Alle Bemühungen, ein halbwegs logisches Motiv für sein Handeln zu ermitteln, scheiterten ergebnislos. Der Polizist wurde nach fast einem Jahr wegen versuchten Mordes angeklagt, denn im Gegensatz zum rätselhaften Tatmotiv war seine Täterschaft klar bewiesen.

Am ersten Prozesstag rechnete deshalb auch niemand mehr mit besonderen Überraschungen. Der Staatsanwalt verlas eine knappe Anklage, die sich – mangels irgendeiner Motivlage – im Beschreiben der Tathandlung erschöpfte, und rechnete mit einer schnellen Aburteilung. Doch wider Erwarten entschied sich der Angeklagte, eine umfassende Aussage zu den Hintergründen seiner Tat zu machen. Was er daraufhin allerdings erzählte, war derart unglaublich, dass den Fall noch heute – über dreißig Jahre später – jeder Jurastudent rezitieren kann.

Was war also wirklich passiert? Knapp vier Jahre vor der Tat hatte Michael, so der Name des Polizisten, in einer Disco die damals gerade erst 18-jährige Barbara kennengelernt. Barbaras erster Freund Udo hatte vor Kurzem mit ihr Schluss gemacht, sie war aber immer noch zutiefst unglücklich in ihn verliebt. Und Michael verliebte sich sofort in Barbara. Nur kurze Zeit später zog sie bei ihm ein.

Allerdings nicht mit in sein Schlafzimmer. Nach der Trennung von Udo konnte sie nach eigenen Angaben mit keinem anderen Mann mehr lustvollen Sex erleben. Außerdem hatte sie in letzter Zeit Schlimmes durchmachen müssen: Sie werde von der internationalen Mafia verfolgt, immer wieder verschleppt und vergewaltigt. Die Polizei könne ihr aber nicht helfen, denn die stecke mit den Gangstern unter einer Decke.

Michael war fassungslos und hatte natürlich Verständnis dafür, dass Barbara nach diesen traumatischen Erlebnissen keinen Sex mit ihm haben wollte. Er funktionierte sein

Wohnzimmer zu einem Schlafzimmer für Barbara um und machte es sich zu seiner Aufgabe, Barbara vor den Zuhältern zu beschützen. Für die Zeit während seines Schichtdienstes organisierte er sogar einen durchgehenden Personenschutz. Hierfür wendete er sein gesamtes Gehalt auf.

Ausgerechnet mit einem dieser Personenschützer erwischte er Barbara aber eines Morgens in seinem Bett. Tief gekränkt warf er sie hinaus, was in seinem Fall bedeutete: Er half ihr beim Umzug.

Drei Jahre vergingen, bis Michael Barbara zufällig wiedertraf. Er hatte sie vermisst, sie war seine große Liebe. Barbara für ihren Teil hing aber immer noch ihrem Verflossenen Udo nach. Dennoch konnte Michael nicht anders und zog wieder mit Barbara zusammen. Die Liebe war einfach stärker als der Verstand.

Inzwischen lebte Barbara aber zusätzlich mit Peter zusammen, einem Hobbymystiker und Esoterikfreak, der kurzerhand ebenfalls in Michaels Wohnung einzog. Allerdings hatte Barbara sehr zur Freude von Michael auch mit Peter keinen Sex, stattdessen lasen sie gemeinsam Esoterikheftchen über den Untergang von Atlantis, frühmittelalterliche Hexerei und schwarze Magie. Gelegentlich fuhren sie zu abgelegenen Burgruinen, einsamen Kirchen oder Grabstätten, um die Geister der Ahnen heraufzubeschwören und zu befragen.

Zunächst verlief alles wie früher, als sie sich kennengelernt hatten. Doch nach einer Weile enthüllte Barbara, dass in der Zeit ihrer Trennung eine Menge passiert war.

Ganz schön naiv sei er damals gewesen, erzählte ihm Barbara. Sie habe ihm aber mittlerweile verziehen, dass er an der Geschichte mit dem Zuhälterring Zweifel hatte.

Auch wenn die Zuhälter sie in der Zwischenzeit noch viel härter rangenommen, sie sogar nach Hamburg verschleppt hätten, um sie dort nicht nur zu vergewaltigen, sondern auch mittels Hunden und Insekten in nicht näher bezeichneter Weise zu foltern. Dort habe sie aber das Vertrauen des Mafiachefs der »Sektion Deutschland« gewonnen, der sie nunmehr aus der Ferne beschütze. So sei sie mehreren Anschlägen durch vergiftete »Nadler-Geschosse« entkommen. Doch noch viel fürchterlicher als das seien die wahren Hintergründe ihres erneuten Zusammentreffens. Der Geist des im 14. Jahrhundert verstorbenen Grafen Salentin habe ihr die Wahrheit »gechannelt«. Es sei Bestimmung, so Barbara, dass sich Michael, Peter und sie nach so langer Zeit wiedergefunden hätten. Sie alle seien vor dem Untergang von Atlantis bereits dafür bestimmt gewesen, das Böse zu bekämpfen, und schließlich hier und jetzt wiedergeboren worden, um ihre Mission zu erfüllen.

Und die Zeit drängte. Immer wieder wurde Barbara, die Auserwählte, von den unsichtbaren vergifteten »Nadler-Geschossen« verwundet. Oft brach sie unvermittelt vor Michaels und Peters Augen zusammen und verlor vorübergehend ihre Sinne. Ins Krankenhaus wollte sie aber nicht. Irdische Hilfe würde nichts bewirken, so ihre profunde Diagnose. Um den zunächst noch ungläubigen Michael gänzlich zu überzeugen, weihten Barbara und Peter ihn nach einiger Zeit in das letzte große Geheimnis ihrer Vergangenheit ein: Vor über 10 000 Jahren hatte Barbara sich geweigert, den Herrscher von Atlantis zu ehelichen. Zur Strafe war sie als Menschenopfer bestimmt worden, um den Gott der Finsternis zu besänftigen, den Katzenkönig. Der Katzenkönig, im Christentum bekannt als der Teufel, sei die Inkarnation des Bösen. Michael und Peter hätten sich damals in ihrem früheren Leben als Einzige gegen das Böse gestellt und Barbara vor dem Opfertod gerettet. Der Katzenkönig seinerseits war damals »not amused«: Zur Strafe hatte er den gesamten Kontinent Atlantis untergehen lassen.

Hierdurch hatten die drei Unglücklichen schreckliche Schuld auf sich geladen und einander geschworen, der Menschheit in Zeiten höchster Gefahr auf dem Wege der Reinkarnation zu Hilfe zu eilen. Und jetzt war der Katzenkönig zurückgekehrt.

Die Richter am Schwurgericht wussten zunächst nicht, ob Michael sich über das Gericht lustig machen wollte oder ob sie ihn schleunigst in die Psychiatrie einweisen sollten, und zwar am besten gleich zusammen mit seinem Anwalt, welcher Michael offenbar dazu geraten hatte, diese Geschichte zu erzählen.

Andererseits hatte sich Michael immerhin gut vorbereitet – zumindest für einen »Verrückten«: Auf etwa zweihundert Seiten hatte er in der Haft seine Erinnerungen rund um Barbara, Peter und den Katzenkönig zusammengefasst. Detailliert schilderte er seine innere Entwicklung vom zweifelnden Saulus zum tiefgläubigen Paulus. Immer wieder sei das spirituelle Medium Barbara in Trance verfallen und habe ihm neue Aufgaben von Erzengeln sowie dem Geist des Grafen Salentin überbracht. Offenbar war Barbara dabei sehr überzeugend aufgetreten, denn Michaels anfängliche Zweifel wichen schließlich einer schrecklichen Gewissheit – zumindest wenn man seinen Aufzeichnungen Glauben schenkte.

Für einen eher rational denkenden Richter, Staatsanwalt oder Rechtsanwalt ist es immer wieder erstaunlich, welche Motive Menschen zu Straftaten treiben. Nicht ohne Grund hört man Pressevertreter immer wieder sagen, dass sich solcherlei Fälle kein Drehbuchautor ausdenken könnte. Menschen scheinen oft gerade den unsinnigsten und abenteuerlichsten Verschwörungstheorien Glauben zu schenken. Die Logik dahinter ist simpel: Es finden sich irgendwelche obskuren Hinweise oder Geheimzeichen, die als Beweise für den Beleg der Verschwörungstheorie gedeutet werden. Fehlen diese, ist das ebenfalls ein klarer Beweis für die Richtigkeit der Theorie. Belegt dies doch eine groß angelegte Vertuschungsaktion der Mächtigen – oder des Katzenkönigs.

Und damit zurück zum Fall: Inzwischen hatte der Katzenkönig sein irdisches Lager in einem kleinen See in der Nähe der Stadt aufgeschlagen. Ein gewisser Rückschritt im Vergleich zu seinem Tempel des ultimativ Bösen in den Ruinen des sagenumwobenen Kontinents Atlantis, könnte man sagen. Aber sei es drum. Auf Befehl der Erzengel und des Geistergrafen Salentin hatte Michael immer neue Prüfungen bestehen müssen, um die Menschheit vor dem Katzenkönig zu retten.

Aber sosehr sich Michael auch bemühte, er konnte den strengen Anforderungen aus dem Jenseits nie gerecht werden. Immer häufiger wurde er von Barbara und dem strengen Paladin Peter getadelt.

Die Versuche, den Katzenkönig unter Kontrolle zu halten, waren gescheitert. Der böse Dämon forderte erneut ein Opfer. Das Reaktorunglück von Tschernobyl war erst ein Vorgeschmack auf den wahren Zorn des Katzenkönigs.

Wenn er noch mal um sein Opfer gebracht würde, würde er alles menschliche Leben auslöschen. Als Barbara an einem Sommerabend erneut in Trance verfiel, diktierten ihr die höheren Mächte, wie der Katzenkönig zu besänftigen sei: Nur durch ein Menschenopfer könne die Menschheit gerettet werden.

Auserwählt als Retter der Welt und damit als Täter wurde natürlich Michael. Als Opfer auserkoren war diesmal allerdings nicht Barbara, sondern die junge Blumenhändlerin – welche zufälligerweise gerade Udo geheiratet hatte, Barbaras unerwiderte erste Liebe.

Es stellte sich heraus, dass Michael der Einzige von den dreien war, der wirklich an den Katzenkönig glaubte. Barbara und Peter hatten sich zunächst einen Spaß daraus gemacht, den naiven Polizisten zu immer absurderen Mutproben zu motivieren.

Schließlich aber erkannte Barbara in ihm das ideale Werkzeug, um ihre Nebenbuhlerin aus dem Weg zu räumen und Udo vielleicht doch noch an sich zu binden.

Dabei tat sich Michael mit dem Entschluss, die Tat zu begehen, wirklich schwer. Er war ein anständiger Mensch, er wollte niemanden töten, schon gar nicht eine Unschuldige. Er hatte sich sogar zunächst selbst als Opferersatz angeboten, doch die Erzengel hatten ihm über Barbara ausrichten lassen, dass dies nichts helfen würde. Allein der Tod der jungen Blumenhändlerin würde die Menschheit noch vor dem sicheren Untergang bewahren.

Peter stand dem jungen Polizisten die ganze Zeit über selbstlos zur Seite. Er hatte Barbaras Plan durchschaut, aber nichts weiter dazu gesagt. Da ihm Michael inzwischen lästig geworden war, half Peter trotzdem tatkräftig bei der Umsetzung des Plans mit. Er redete dem Retter der Menschheit gut zu und überließ ihm sogar zur Begehung der Tat das besagte Messer. »Es muss jetzt eben einfach getan werden«, erklärte er Michael, fast wie ein väterlicher Freund und Ratgeber, der aber in Wahrheit selbst in Barbara verliebt war.

Schließlich sah Michael die Notwendigkeit ein. Er schwor, seine göttliche Mission zu erfüllen. Der Rest ist bekannt.

Nach diesem umfangreichen Geständnis war sich das Gericht zunächst unklar darüber, wie es weiter vorgehen sollte. Dass Barbara und Peter auf die gerichtliche Einlassung Michaels tatsächlich verhaftet und befragt wurden, ist aber noch nicht einmal das Highlight dieses Prozesses. Die beiden legten zum Erstaunen aller ein umfassendes Geständnis ab und bestätigten Michaels Geschichte rund um den Katzenkönig, bestätigten sogar das wahre Motiv.

So waren es zuletzt Barbara und Peter, die wegen versuchten Mordes an der Blumenhändlerin zu langjährigen Haftstrafen verurteilt wurden, wohingegen Michael eine vergleichsweise milde Strafe erhielt und in ein psychiatrisches Krankenhaus eingewiesen wurde. Die beiden hatten den leichtgläubigen Michael wie ein Werkzeug für ihre eigenen Mordpläne benutzt und waren daher härter zu bestrafen als der eigentlich handelnde Täter.

Also Ende gut, alles gut? Vielleicht. Aber ein perfekter Mord ist das nun wirklich nicht, oder? Immerhin wurden die eigentlichen Täter geschnappt.

Doch was, wenn das Opfer den Messerangriff nicht überlebt hätte? Denn das war am Ende der einzige Grund, warum der loyale Michael überhaupt seine Mittäter verraten hatte: Nachdem trotz fehlgeschlagenem Menschenopfer der Katzenkönig über knapp ein Jahr seiner Untersuchungshaft keinerlei Anstrengungen unternommen hatte, die gesamte Menschheit entsprechend Barbaras Prophezeiungen zu vernichten, hatte Michael am Ende wohl doch Zweifel bekommen. Wäre sein Opfer gestorben, hätte er sich vermutlich weiterhin als einsamen Retter der Menschheit gewähnt und eisern geschwiegen, mit der Folge, dass Barbara und Peter nie verhaftet, geschweige denn verurteilt worden wären.

Aber was, wenn Barbara und Peter einfach geschwiegen hätten? Die Beteiligung der beiden konnte ja nur deshalb nachgewiesen werden, weil sie im Nachhinein ein vollumfängliches Geständnis ablegten. Ob sie die Tat gestanden, um ihr Gewissen zu erleichtern, oder ob sie der polizeilichen Vernehmung nicht standhielten: Wer weiß das schon. Eines aber ist klar: Hätten beide einfach die Klappe gehalten, dann hätte der Richter sie höchstwahrscheinlich freisprechen müssen, vermutlich wäre dann schon gar nicht erst gegen sie weiter ermittelt worden. Denn die absurde Geschichte über den eingebildeten Katzenkönig hätte man nicht gerichtsfest beweisen können. Viele Richter hätten es wohl für eine ziemlich abgedrehte Schutzbehauptung gehalten. Auch hätte man nicht beweisen können, dass Barbara oder Peter den verwirrten Michael zu dem Mord getrieben hatten. Die Aussage eines geistig verwirrten Täters, der an einen Katzenkönig glaubt, hätte kaum überzeugt.

Die Verurteilung Michaels wegen Mordes war juristisch gesehen übrigens nicht einfach. Immerhin hatte er fest daran geglaubt, mit seiner Tat die Menschheit zu retten. Aus seiner Sicht hatte er sich nicht anders verhalten als zum Beispiel ein Fahrdienstleiter der Deutschen Bahn, der sich aufgrund eines defekten Gleises dazu entschließt, eine Weiche umzustellen, um die Menschen im Zug vor dem sicheren Tod zu retten, obwohl er weiß, dass just an dem intakten Gleis Wartungsarbeiten durchführt werden und der Gleisarbeiter aufgrund der Weichenstellung sterben wird. Den Fahrdienstleiter kann man nicht bestrafen, denn er tötet den Gleisarbeiter zum Wohle der anderen Fahrgäste.

Insoweit handelte auch Michael nicht eigentlich, um zu morden, sondern im Gegenteil, um die Vernichtung allen Lebens auf der Erde durch seinen neuen Nachbarn vom See, den Katzenkönig, zu verhindern. Allerdings entschied das Gericht, dass Michaels Irrglaube an die Existenz des Katzenkönigs zwar strafmildernd, nicht aber strafbefreiend berücksichtigt werden konnte – denn bei aller geistigen Anstrengung wäre ein solcher Irrtum durchaus vermeidbar gewesen.

Handelt es sich im Ergebnis also doch um einen perfekten Mord? Nicht ganz, wird man womöglich einwenden. Denn war es nicht ein unglaublicher Zufall, dass sich ein so leichtgläubiges Opfer wie Michael für Barbaras Tatplan gefunden hat?

Hier möchte ich widersprechen. Denn wie heißt es so schön: »Jeden Tag steht irgendwo ein Dummer auf.« Wenn ich an meine Zeit als Student zurückdenke, kann ich das nur bestätigen. Damals wohnte ich in einer Wohnung oberhalb eines Elektrogeschäfts, schräg gegenüber war ein ziemlich unscheinbarer Laden. Kaum je gingen dort Kunden ein und aus. Was ich hingegen oft vor dem Geschäft sah, waren die diversen Luxuswagen des Ladeninhabers. Komisch, dachte ich mir, wie kann sich jemand solche Autos leisten, zu dem so wenige Kunden ins Geschäft kommen? Ein Blick in das Schaufenster schürte die Neugier nur noch mehr, denn außer ein paar Büchern rund um das Thema Lebens- und Selbsthilfe sowie verschiedenen Tuben und Cremes vom Teebaum konnte ich darin nichts sonderlich Verheißungsvolles entdecken. Der Geschäftsführer des Elektroladens klärte mich dann über alles auf. Wie sich herausstellte, spielten kriminelle Machenschaften keine Rolle, zumindest nicht aus juristischer Sicht. Er musste es wissen, schließlich hatte er dem Ladeninhaber mit den Luxusautos einen besonderen Kundenwunsch erfüllt. Er hatte ihm einhundert Taschenrechner verkauft. Auf diese Taschenrechner hatte er auf Wunsch seines Kunden von gegenüber je ein kleines Metallplättchen gelötet. Kostenpunkt: circa 50 Cent pro Stück. Zusammen mit dem Taschenrechner kostete der ganze Spaß etwa zwei Euro. Diese mit einem Metallplättchen versehenen Taschenrechner verkaufte der Ladeninhaber von gegenüber allerdings nicht für zwei, sondern für stolze 1450 Euro pro Stück. Er behauptete einfach, dass Gegenstände, die man auf das Metallplättchen stellt, unter Eingabe eines entsprechenden Codes in positive Schwingung versetzt würden, die sich dann wiederum positiv aufs Leben auswirkten.

Was soll ich sagen, die einhundert mit Metallplättchen versehenen Taschenrechner hatte er alle verkauft – zusammen mit einer CD, die sämtliche Codierungen für diverse Alltagsgegenstände beinhaltete. Kostenpunkt: weitere 750 Euro.

Gehen Sie doch mal auf eine Esoterikmesse oder lesen Sie ein paar Verschwörungstheorie-Seiten im Internet. Danach werden Sie am Verstand der Menschheit zweifeln. Denn dort finden sich glühende Anhänger von Theorien, gegen welche die Geschichte vom menschenfressenden Katzenkönig-Teufel geradezu plausibel erscheint. Ob von der CIA gezüchtete Echsenmenschen, die uns unterwandern; von Aliens platzierte »Analsonden«, um uns für eine feindliche Übernahme gefügig zu machen; von der Regierung in die Luft gesprühte Chemtrails, um unsere Gedanken zu kontrollieren – die Liste der absurden Verschwörungstheorien ist lang. Da muss man gar nicht erst von Leuten anfangen, die sich in Erwartung von zweiundsiebzig Jungfrauen einen Sprengstoffgürtel umschnallen oder Flugzeuge in Hochhäuser steuern.

Und bedenken Sie noch eines: Barbara und Peter wurden nur durch Zufall erwischt. Wie viele weitere Opfer der Katzenkönig oder sonst ein absurdes Ungeheuer bereits gefordert hat, man weiß es nicht.

DER SYRISCHE ARZT

Familie Holzinger erfüllte alle Klischees des gesellschaftlichen Bundesdurchschnitts. Vater Helmut übte einen bodenständigen Job als Angestellter in einer Versicherung aus, Mutter Sigrid arbeitete halbtags als Bürokraft bei einem kleinen Kfz-Betrieb, und die beiden Kinder, ein Bub und ein Mädchen, besuchten die ortsansässige Gesamtschule. Gemeinsam mit Helmuts Mutter Karin bewohnte die Familie Helmuts Geburtshaus, welches nach dem Tod seines Vaters in den Besitz der Mutter übergegangen war. Sigrid kümmerte sich neben ihrer Halbtagsstelle nicht nur um den Haushalt, sondern auch um die Schwiegermutter. Bei Nachbarn und Freunden der Familie, in der Kirchengemeinde bis hin zum örtlichen Frauenverein – überall war bekannt, wie liebevoll sich Sigrid um die rüstige Rentnerin kümmerte. Sie unterstützte sie bei den täglichen Besorgungen, fuhr sie regelmäßig zur Bank, zum Friseur, zur Fußpflege oder zum Arzt. In allen Belangen sorgte sie aufopferungsvoll dafür, dass es der anspruchsvollen und exzentrischen alten Dame an nichts fehlte.

Auch wenn Sigrid nach außen hin stets betonte, wie

leicht ihr die Hilfe für Karin Holzinger von der Hand ginge, war die Unterstützung, die sie ihr zukommen ließ, eher ein zweckmäßiges Arrangement, denn im Gegenzug wohnten Sigrid und Helmut nebst Sohn und Tochter mietfrei in den beiden oberen Etagen des respektablen Anwesens. Eine derart große Wohnung hätten sich Helmut und seine Ehefrau sonst nicht leisten können.

Die alte Dame im Erdgeschoss war sich dieser Tatsache sehr wohl bewusst und ließ die Familie ihre Großzügigkeit sehr deutlich spüren. Dass Mutter Sigrid sich um den gesamten Haushalt kümmerte, war für die exzentrische Großmutter eine Selbstverständlichkeit. Und wenn handwerkliche Arbeiten am Haus anfielen, war es natürlich Helmuts Aufgabe, sich um Reparatur und Instandsetzung zu kümmern und diese im Zweifel auch zu bezahlen – schließlich wohnte er ja mietfrei.

Im Laufe der Jahre war ihre Anspruchshaltung konstant gestiegen, wie auch die Spannungen zwischen der Familie und Helmuts Mutter. Nicht nur, dass Oma Holzinger jeden Tag Gesellschaft, Unterstützung und Unterhaltung einforderte, es wurde auch zunehmend schwieriger, ihre völlig überzogenen Forderungen zu erfüllen. Mal hatte Sigrid vermeintlich schlecht geputzt, mal angeblich im Supermarkt die falschen Sachen eingekauft, mal war Sigrid daran schuld, wenn sie bei ihren wöchentlichen Besuchen beim Landarzt zu lange hatte warten müssen – Oma Holzinger hatte immer etwas an ihrer Schwiegertochter auszusetzen. Auch der Rest der Familie blieb von ihrem strengen großmütterlichen Urteil nicht verschont. Helmut musste sich regelmäßig dafür rechtfertigen, warum er wieder keine Beförderung bekommen hatte. Nach frühabendlichem

Genuss von etwas Eierlikör beschimpfte sie ihren Sohn gerne als »erbärmlichen Versager«.

Oma Holzinger bestand stets auf Ruhe im Haus, wenn es ihr gerade passte. Zunächst hatte sie sich nur lautstark bei Helmut über den »grob ungehörigen Lärm« beschwert, wenn die beiden Kinder Freunde mit nach Hause brachten. Doch inzwischen lehnte die Hausherrin jeglichen Besuch kategorisch ab, der sie nichts angehe. Damit waren alle Besucher außer ihrer wöchentlichen Rentner-Kaffeerunde und ihrer Fußpflegerin gemeint. Wollte Helmut mit seiner Frau und den Kindern in den Urlaub fahren, musste die alte Dame regelmäßig mitgenommen und auch das Urlaubsziel an ihre niveauvollen Wünsche angepasst werden. Es war nicht einfach, ein geeignetes Urlaubsland zu finden: nicht zu kalt, nicht zu heiß, nicht zu viele Touristen, nicht zu viele Einheimische, nicht zu langweilig, nicht zu laut, in den Süden, aber nicht zu »diesen Moslems oder Negern«.

Aus ihrem Rassismus machte Oma Holzinger keinen Hehl, die Familie versuchte, es auf ihr hohes Alter zu schieben oder es zu überhören.

Mit den Jahren war Helmuts Mutter zu einer ernst zu nehmenden Belastung für seine Ehe geworden, und eine Besserung der Situation war nicht in Sicht: Immer wenn Helmut seinen ganzen Mut zusammennahm und seiner Mutter höflich klarzumachen versuchte, dass er und seine Familie auch noch ein Privatleben hätten, konterte die rüstige Rentnerin schnippisch, dass er ja »zusammen mit seiner Bagage« aus ihrem Haus ausziehen könne, wenn ihm etwas nicht passte.

Und damit war die Diskussion stets beendet. Helmut war auf die mietfreie Wohnung angewiesen, wollte er sich die regelmäßigen Urlaube und die neuesten Gimmicks der Motoren- und Technikbranche weiterhin leisten. Auch auf die neidvollen Blicke, mit denen seine Kollegen und Freunde den schicken Familien-SUV mit allerlei Extras beäugten, den 84-Zoll-LCD-Fernseher sowie die topaktuellen Smartphone-Modelle für die ganze Familie wollte und konnte Helmut nicht mehr verzichten.

Doch die ohnehin schon stark angespannte Situation spitzte sich noch weiter zu, als Oma Holzingers langjähriger Hausarzt in Pension ging. Der ältere Herr hatte lange nach einem Nachfolger für seine Landarztpraxis gesucht, aber die jüngeren Mediziner zeigten allesamt nur wenig Interesse, und schließlich hatte ein syrischer Arzt die Praxis übernommen. Zu einem Ausländer wollte Oma Holzinger aber auf gar keinen Fall gehen, schon gar nicht zu einem »Muselmann«. »Die da unten« seien ja »fast so schlimm wie die Neger«, hatte sie Sigrid in barschem Ton mitgeteilt, als diese die alte Dame zu einer routinemäßigen Untersuchung zum neuen Landarzt bringen wollte. Zu ihrer unbegründeten Fremdenfeindlichkeit trat noch, dass sie dem syrischen Arzt keine sonderlich hohe Fachkompetenz zutraute. »Wer weiß, wo der sein Schwesterndiplom herhat!«, lauteten ihre abschließenden Worte zu diesem Thema, Widerspruch wurde nicht geduldet. Schließlich hatte sie jahrelang in die deutsche Krankenversicherung eingezahlt, also wollte sie auch von einem »biodeutschen« Arzt untersucht und behandelt werden – eine für sie bestechende Logik.

Sigrid stellte diese kompromisslose Haltung allerdings vor ein erhebliches Problem. Die Praxis des syrischen Arztes befand sich im Nachbarort, keine fünf Autominuten entfernt. Der nächste Arzt hingegen, der zumindest dem Namen nach deutscher Abstammung war, betrieb seine Praxis in der nächstgrößeren Stadt, eine je nach Verkehrslage vierzigminütige Autofahrt von dem kleinen Dorf entfernt. Der neue Arzt ihres Vertrauens gefiel Oma Holzinger ausgesprochen gut. Hatte sie sich bislang aufgrund ihres fortgeschrittenen Alters regelmäßig von dem alten Landarzt aus dem Nachbardorf untersuchen lassen, wollte sie nunmehr mindestens wöchentlich von dem smarten blauäugigen Herrn Doktor aus der Stadt gründlich untersucht werden. Die langen Wartezeiten waren ihr völlig egal.

Für Sigrid bedeutete dies aber einen kaum mit ihren sonstigen Verpflichtungen zu vereinbarenden Mehraufwand. Ihre samstäglichen Besuche bei ihren eigenen Eltern, die ebenfalls schon recht alt waren und die sie schmerzlich vermisste, hatte sie ohnehin schon seit längerer Zeit aufgeben und durch kurze Stippvisiten unter der Woche ersetzen müssen. Helmuts Mutter erwartete nämlich, jeden Samstag zum städtischen Friseur chauffiert zu werden, um sich die Haare legen zu lassen, weil der ortsansässige Friseur »andersherum« sei. Dies hatte zur Folge, dass Sigrid auch noch den wöchentlichen Yogakurs an den Nagel hängen musste, womit sie den einzigen Abend in der Woche verlor, an dem sie ihre Ruhe vor Oma Holzingers Launen hatte. Ohnehin hatte sie Schwierigkeiten, ihren Halbtagsjob noch gewissenhaft zu erledigen, irgendwann musste sie schließlich ihren beiden Kindern Essen kochen, den eigenen Haushalt auf Vordermann bringen, für sich und die Familie einkaufen und sich um ihre eigenen Eltern kümmern.

Das Thema rund um Oma Holzingers neuen Arzt mauserte sich zum fortwährenden Streitthema zwischen den Eheleuten, denn auch hier setzte sich die alte Dame wieder mit der offensiven Drohung durch, Sigrid und ihr »Pack« hochkant aus dem Haus zu werfen.

Das angeknackste Familienidyll bekam mehr und mehr Risse. Sigrid drohte offen mit der Scheidung, und die Kinder kamen in der Woche kaum noch nach Hause, sei es ob des schief hängenden Haussegens oder sei es der garstigen alten Frau im Erdgeschoss wegen. Stattdessen gingen sie zum Spielen zu ihren Freunden in der Nachbarschaft und blieben dort am liebsten auch über Nacht. Ohnehin untersagte Oma Holzinger ja schon länger Besuche von Fremden, aber auch Besuche bei Freunden und Bekannten blieben zunehmend aus, da die Familie auch hierbei regelmäßig mit wütenden Anrufen und unschönen Begegnungen bei der Rückkehr rechnen musste. Oma Holzinger gönnte ihrem Sohn und seiner Familie keinerlei Beschäftigung.

Der Streit eskalierte, als Sigrid sich eines Nachmittags weigerte, Helmuts Mutter zum Friseur zu begleiten, weil sie lieber zu ihren Eltern fahren wollte, um nach ihrem Vater zu sehen, der einen Schlaganfall erlitten hatte und im Krankenhaus auf der Intensivstation lag.

Oma Holzinger zeigte keinerlei Verständnis. Schrill kreischend befehligte sie ihren Sohn zu sich ins Erdgeschoss. Dort thronte sie in ihrem Fernsehsessel und funkelte ihn aus lichtstarren Pupillen an. Speichel rann aus ihrem Mundwinkel, und die schlohweißen Haare hatte sie in ihrem Ärger absichtlich aus der sonst so penibel drapierten Form gebracht.

»Siehst du, wie ich aussehe?«, herrschte sie ihn an. Die alte Frau echauffierte sich so sehr, dass ihr Kreislauf in Mitleidenschaft gezogen wurde. Sie atmete schwer und schnappte so heftig nach Luft, dass ihr die Schimpftirade im Halse stecken blieb. Helmut sorgte sich. Er musste an Sigrids Vater und dessen Infarkt denken und verständigte den Notdienst. Wie hätte er auch ahnen können, dass ausgerechnet der seiner Mutter so verhasste syrische Arzt an diesem Tag Bereitschaftsdienst hatte. Noch Monate später musste er sich heftige Vorwürfe darüber anhören, dass er das Leben seiner Mutter in die Hände dieses »schmuddeligen Kameltreibers« gelegt hatte. Doch in ihrer aktuellen Verfassung und in dem Verlangen nach diesen ganz bestimmten verschreibungspflichtigen Beruhigungstabletten sagte Oma Holzinger erst mal gar nichts und nahm mit verachtungsvoller Miene das Rezept entgegen, das der syrische Arzt ihr ausstellte.

Zumindest mit einem ihrer zahlreichen Vorurteile schien Oma Holzinger jedoch recht zu haben: Der syrische Arzt schien mit der Situation sowohl menschlich als auch medizinisch überfordert. Selbst das obligatorische Blutdruckmessen bereitete ihm offensichtlich Schwierigkeiten. Mehrfach pumpte er die Armmanschette auf und wiederholte den Messvorgang, ehe er zu einem Ergebnis kam. Auch fiel es ihm schwer, sich zu verständigen. Mehrfach musste Helmut ihm den Namen des gewünschten Medikaments buchstabieren. Der Arzt machte auf Helmut einen nervösen Eindruck, was auch der offen zur Schau getragenen Feindseligkeit der Patientin geschuldet gewesen sein mag.

Helmut war jedenfalls froh, als das Rezept endlich ausgestellt und der Einsatz des Arztes damit beendet war.

Die Wirkung des Beruhigungsmittels hielt natürlich nicht lange an. Am folgenden Tag hatte sich Oma Holzinger vollständig erholt und scheuchte Sigrid in altbewährter Manier umher. So alt die Dame nun schon war, so fit war sie noch im Geiste. Die Sache mit dem ausgefallenen Friseurtermin und dem »muslimischen Kurpfuscher« in ihrem Haus sollte sie ihren Lebtag nicht vergessen. In den folgenden Wochen verschlimmerte sich die Situation noch. Oma Holzinger zeigte sich zunehmend aggressiver, vor allem gegenüber Sigrid. Daneben verschlechterte sich der Gesundheitszustand von Sigrids Vater, und die Eheleute stritten sich häufiger.

Als Helmut eines Tages von der Arbeit nach Hause kam, fand er auf dem Küchentisch einen Zettel von seiner Frau, auf dem sie ihm mitteilte, dass sie zusammen mit den Kindern zu ihren Eltern gezogen sei. Er müsse sich zwischen seiner Mutter und seiner Familie entscheiden.

Für den materialistisch orientierten Helmut eine schwierige Entscheidung, hatte seine Mutter doch schon des Öfteren angedroht, wahlweise die Kirche oder den sympathischen jungen Herrn Doktor aus der Stadt als Alleinerben einzusetzen, wenn ihre umfassende Versorgung durch Helmut nicht gewährleistet sei. Sollte er sich für ein Haus nebst gutem Geld und einem Hausdrachen entscheiden, oder aber für ein Leben mit seiner Familie, jedoch in beengter Wohnsituation und in finanziell klammen Verhältnissen?

Helmut war wie betäubt. Immer wieder las er die knappe Notiz. Hätte seine Frau ihn nicht vorwarnen können, ging es ihm durch den Kopf. Aber das hatte sie. Mehrmals! Er hatte sie nur nicht ernst genommen. Aus dem Erdgeschoss schallte das Kreischen seiner Mutter zu ihm herauf, sie hatte ihn nach Hause kommen hören.

Helmut war ein äußerst friedliebender Mensch, zwischenmenschliche Konflikte vermied er so gut es ging. Im Prinzip setzte er darauf, dass sich alles immer irgendwie wieder beruhigen würde, und saß die Sache aus. Aber diesen Konflikt konnte Helmut nicht mehr aussitzen. Er musste sich entscheiden.

Wie in Trance ging Helmut zur Haustür, nahm einen von Sigrids Schals von der Garderobe und eilte die Treppe ins Erdgeschoss hinunter, in Richtung des ununterbrochenen Gekreisches.

Dort thronte Oma Holzinger wie üblich auf ihrem Sessel. Über den Fernseher flimmerte die Wiederholungsfolge irgendeiner längst abgesetzten Gameshow in einem privaten Spartensender für Best Ager und Senioren, welche sie mit ihrem schnurlosen Hörverstärker offenbar parallel zu ihrem Geschrei gespannt verfolgte. Sie drehte sich noch nicht einmal zu Helmut um, als er den Raum betrat.

Sie kreischte munter weiter und setzte zu einer erneuten Schimpftirade über die »Schlampe« Sigrid an, die mit ihrem »Pack« in ihrem Haus fortan nicht mehr erwünscht sei. Helmut verstand nur die Hälfte, ihm war klar, was er zu tun hatte. Wortlos beugte er sich von hinten über den Sessel, nahm den Schal zwischen die Hände und legte ihn seiner Mutter in einer schwungvollen Bewegung um den Hals. Mit einer Entschlossenheit und Kraft, die er sich selbst gar nicht zugetraut hätte, zog er die beiden Enden fest zusammen. Es dauerte nicht lange, und die alte Frau sackte leblos in sich zusammen. Auf der Mattscheibe präsentierte die Glücksradfee das Lösungswort. In hell erleuchteten Lettern prangte dort: »Muttertagsgeschenk«.

Für einen kurzen Moment verspürte Helmut Erleichterung darüber, dass der alte Quälgeist endlich still war. Dann realisierte er, was er getan hatte. Er hatte seine Mutter getötet.

Jetzt empfand er nur noch tiefe Schuld. Aus dieser Sache würde er sich nicht herauswinden können, dessen war er sich bewusst. Er hatte es getan, und er hatte es tun wollen. Es hatte keinen einzigen anderen Grund dafür gegeben, Sigrids Schal nach unten zu bringen. Und wenn er ganz ehrlich zu sich war – und das war er in diesem Moment –, dann hatte er schon unzählige Male darüber nachgedacht, die garstige Alte endlich aus dem Weg zu räumen, schon seiner Familie zuliebe. Er würde die Konsequenzen tragen müssen, also griff er zu dem Telefon, das auf der Armlehne des Sessels neben seiner toten Mutter lag, und wählte die seniorenfreundlich hell leuchtenden, überdimensionierten Ziffern: 110.

Doch dann stach ihm die aufgeklebte Telefonnummer des kassenärztlichen Notdiensts ins Auge. Er erinnerte sich an den entwürdigenden Streit über den geplatzten Friseurtermin und an den freundlichen Arzt, den seine Mutter aller Hilfsbereitschaft zum Trotz so beschimpft hatte. Er erinnerte sich an die Gemeinheiten, mit denen seine Mutter Sigrid daraufhin das Leben zur Hölle gemacht hatte. Sie hatte den Tod verdient, dachte er sich. »Der Muselmann ist korrupt durch und durch!« – »Diese Leute würden für Geld alles tun, sogar ihre eigene Mutter verkaufen!« – Oma Holzingers rassistische Sprüche erschienen ihm auf einmal in einem anderen, einem hoffnungsvollen Licht. Vielleicht würde der freundliche syrische Arzt die Polizei nicht verständigen, wenn er ihm eine gewisse Summe für seine Diskretion in Aussicht stellte. Seine Mutter war schließlich alt. Und war der Syrer nicht ohnehin jetzt für die Marktgemeinde zuständig? Helmut wählte nicht die 110.

Es dauerte ganze vier Stunden, ehe der Arzt an der Haustür klingelte. Helmut stand bereit, mit einem kleinen Bündel Geld in der Tasche, das er schnell zusammengerafft hatte. Doch noch ehe er dem Arzt sein unmoralisches Angebot unterbreiten konnte, hatte dieser seine Diagnose nach kurzem Fühlen des Pulses der Verstorbenen gestellt.

Der Arzt nahm eine Mappe mit diversen Formularen heraus und setzte sich an den mit frischen Blumen geschmückten Wohnzimmertisch. Das hätte Oma Holzinger sicher nicht gerne gesehen, dass der syrische Arzt an ihrem Wohnzimmertisch Platz nahm, dachte sich Helmut, ohne recht zu verstehen, wie ihm gerade geschah. Der Arzt übergab Helmut schließlich einen Totenschein, auf welchem er seiner Mutter eine natürliche Todesursache attestierte: Herzversagen aufgrund von Kreislaufstörungen. Für den Arzt war diese Diagnose schlüssig, erinnerte er sich doch noch an den vorangegangenen Hausbesuch bei der alten Dame. Zu guter Letzt empfahl er Helmut noch ein Bestattungsunternehmen aus dem Nachbarort, mit dem er bisher gute Erfahrungen gemacht hatte. In gewohnt höflicher Manier verabschiedete er sich von ihm und verließ den Tatort.

Eine Woche später nahm Helmut auf dem zentral gelegenen Friedhof Abschied von seiner Mutter. Sigrid und die Kinder erschienen nicht zur Beerdigung.

Das war's? Keine Polizei? Keine weitere Erklärung? Ein ungeplantes, geradezu stümperhaft verübtes Tötungsdelikt, das für immer ungesühnt bleiben würde?

Die Antwort lautet: Ja!

Helmut hatte den perfekten Mord begangen. Er war frei, seine Mutter unter der Erde, und keiner fragte weiter nach.

Dabei ist dieser Fall keine Ausnahme: Ein mit »Herzinfarkt« deklarierter Leichnam mit offensichtlichen Strommarken, ein mit Messerstichen übersäter Toter – Todesursache: »Krampfaderabriss«, ein »Tod durch Schlaganfall«, der sich später als Mord durch Kopfschuss entpuppen sollte, oder das als »Krebsleiden« attestierte Ableben eines Erwürgten – das alles sind echte Fälle, in denen als Todesursache ein sogenannter »natürlicher« Tod ohne Fremdverschulden oder ohne äußere Einwirkung angegeben wurde, in Wirklichkeit aber leider das genaue Gegenteil der Fall war. Und das war nur ein kleiner Einblick in die alltäglichen Absurditäten bei der Leichenschau. Der Berliner Gerichtsmediziner Victor Müller-Heß prägte diesbezüglich das berühmte Zitat: »Wenn auf jedem Grab eines Ermordeten eine Kerze brennen würde, wären unsere Friedhöfe Lichtermeere.«

Seit Jahren kritisieren Rechtsmediziner, dass für die zweifelsfreie Feststellung nicht natürlicher Todesfälle in Deutschland nicht gesorgt sei, weshalb auch zahlreiche Reform- und Verbesserungsvorschläge eingebracht wurden, wie zum Beispiel die Forderung nach amtlich bestellten Leichenbeschauern mit qualifizierten gerichtsmedizinischen Kenntnissen. Doch es blieb bei Diskussionen und Absichtserklärungen, verbessert hat sich bedauerlicherweise nichts.

Ausgehend von den in den Leichenkellern der Rechtsmedizinischen Institute geführten Statistiken bleibt jeder zweite Mord unentdeckt. Mindestens. Das belegt auch eine Studie der Universität Münster. Ihr Fazit: In Deutschland wird Jahr für Jahr bei rund 11 000 Toten fälschlicherweise eine natürliche Todesursache diagnostiziert. 1200 sind Opfer von Tötungsdelikten, bei den anderen handelt es sich um nicht erkannte Suizide, Unfälle und ärztliche Kunstfehler! Ob dann gemäß verschiedener Dunkelfeldforschungen zu jedem aufgeklärten Mord also »nur« einer, drei oder gar sieben unaufgeklärte Morde noch hinzukommen, ist somit fast auch schon egal.

Mord – gar perfekter Mord – scheint in Deutschland also geradezu an der Tagesordnung zu sein, und das nicht, weil es sich bei den Tätern um hyperintelligente, aalglatte, durchtriebene Mörder handelt, die den Ermittlungsbehörden viele Schritte vorauseilen. Vielmehr sind es Typen wie Helmut, denen ein System hilft, das sich leicht und gerne täuschen lässt und all denjenigen, die behaupten, dass es den perfekten Mord nicht gäbe, just das Gegenteil quittiert.

Andererseits sterben allein in Deutschland jährlich etwa 850 000 Menschen. Würde man all jene einer gerichtsmedizinischen Obduktion zuführen, hätten Rechtsmediziner plötzlich alle Hände voll zu tun – ganz abgesehen davon, dass verständlicherweise ein Großteil der Angehörigen auf die Barrikaden gehen würde.

Denn eine Obduktion ist unter Gesichtspunkten der Pietät und Religiosität alles andere als würdevoll und stellt für Angehörige eine große Belastung dar. Da werden der Kopf und der Brustkorb mit einer Säge geöffnet, Hirn, Herz und alle anderen Organe entnommen und wie in einem Metzgerbetrieb in Stücke geschnitten, nur um am Schluss wieder in den Bauch geworfen zu werden, der hastig wieder zugenäht wird. Was den Menschen einmal ausgemacht hat – sein Gehirn –, befindet sich nach der Obduktion in Stücke zerschnitten in seinem Bauch wieder. Der Kopf wird mit etwas Packpapier ausgestopft und zugeklappt. Fertig. Kein besonders erbaulicher Gedanke.

Dazu kommt, dass eine Obduktion aufwendig und nicht billig ist. Schließlich schreibt das Gesetz vor, dass nur zwei hochqualifizierte Ärzte eine solche vornehmen dürfen. Auch die komplexen Laboruntersuchungen im Anschluss an die Obduktion treiben die Kosten in die Höhe. Selbst wenn diese gänzlich unproblematisch verläuft, werden locker 450 Euro fällig. Multiplizieren wir das mit 850 000 Toten pro Jahr, ergibt das ein hübsches Sümmchen. Und wer sollte das bezahlen?

Vermutlich hat man sich aus diesen Gründen in Deutschland für eine andere Lösung entschieden: Hierzulande nehmen Ärzte die sogenannte Leichenschau vor und stellen neben dem Tod auch Todeszeitpunkt, Todesart und Todesursache fest, ohne Zuhilfenahme von Messern, Sägen und Rippenschneidern, wie es bei einer Obduktion üblich ist. Stellt der Arzt fest, dass es sich um einen natürlichen Tod handelt, darf beziehungsweise muss die Leiche bestattet werden. Somit entscheidet ein einzelner Arzt darüber, ob die Polizei eingeschaltet werden soll oder nicht.

Klingt zunächst einmal in der Theorie nach einem guten Kompromiss zwischen dem rechtsstaatlichen Interesse der Erkennung und Verfolgung von möglichen Verbrechen einerseits und dem persönlichen Interesse der Angehörigen an einem friedlichen Abschied von der verstorbenen Person andererseits.

Allerdings entpuppt sich diese Lösung in der Praxis nicht selten als ein äußerst fauler Kompromiss. Denn damit hat der Staat eine rechtsstaatliche Aufgabe von einiger Bedeutung de facto privatisiert. Und das wirkt sich in erheblichem Maße negativ auf die Qualität der Kontrollen aus. Zwar darf laut den verschiedenen Bestattungsgesetzen in Deutschland ausschließlich ein Arzt die vorgeschriebene Leichenschau durchführen, ehe ein Leichnam zur Bestattung freigegeben wird, doch bereits diese recht schwammige Formulierung birgt ein erhebliches qualitatives Problem. Denn der Beruf »Arzt« ist ein weites Feld! So kann sich der hiesige Mörder über eine Leichenbeschau durch einen Augenarzt, einen Psychiater oder einen HNO-Arzt freuen. Oder wie wäre es mit einem Orthopäden oder einem Radiologen? Alles Ärzte, die auf ihrem Spezialgebiet zweifelsohne hervorragend qualifiziert sind, nur eben mit Leichen haben sie – abgesehen von ein paar Anatomieeinheiten im Studium – herzlich wenig zu tun. Anders gefragt: Wenn Sie einen stechenden Schmerz in der Brust verspüren, wen suchen Sie auf? Den Kardiologen oder den Proktologen?

Daneben liegt das Kernproblem der Leichenschau in ihrer privatwirtschaftlichen Organisation. Denn rechtlich gesehen ist eine Leichenschau in Deutschland keine hoheitliche Tätigkeit und untersteht somit keinerlei Kontrolle – im sonst so vorschriftswütigen Deutschland ein äußerst ungewöhnlicher Umstand.

Vergegenwärtigen wir uns einmal eine ideal verlaufende Leichenschau anhand unseres Fallbeispiels. Was hätte der Arzt tun müssen?

Zunächst hätte er differenzialdiagnostisch die Krankenvorgeschichte erörtern müssen, unter Einbeziehung der Eigenanamnese, Familienanamnese, Sozialanamnese sowie etwaiger klinischer Befunde. Im Anschluss hätte er Oma Holzingers Leiche vollständig entkleiden müssen, was in der Praxis und bei einem gewissen Körpergewicht der sterblichen Überreste nicht selten mit großer Mühe verbunden ist – vor allem wenn man als Arzt ganz alleine und vonseiten des Verstorbenen kaum Hilfestellung zu erwarten ist.

Sodann hätte der Arzt an dem nackten Leichnam Totenflecke analysieren, deren Lage, Farbe, Intensität und Ausdehnung feststellen müssen. Weitere Fragen wären gewesen: Lassen sich die Flecken wegdrücken oder umlagern? Und passen sie zu Oma Holzingers Position auf dem Sessel, oder weichen sie davon ab? Danach hätte der Arzt alle großen und kleinen Gelenke auf die Ausprägung der Totenstarre hin überprüfen müssen, ebenso hätte er Vertrocknungen der Lippen, Genitale und Augapfelbindehaut untersuchen, etwaige Fäulnisgrade nebst Fäulnisflüssigkeit in Mund und Nasenöffnungen verzeichnen müssen. Er hätte Frau Holzinger an einem Haar zupfen müssen, um zu überprüfen, ob sie sich ebenso leicht entfernen lassen wie die Fingernägel. Und die Leichenfauna? Haben Fliegen ihre Eier in Oma Holzingers Nasenöffnungen, Lidspalte, Augenwinkel oder Mundwinkel abgelegt? Oder sind da vielleicht schon Fliegenmaden, Verpuppungen, Puppen und leere Puppenhülsen? Wie steht es mit dem Ausprägungsgrad der Leichenerscheinungen? Finden sich Nadeleinstiche in der behaarten Kopfhaut (viel Spaß bei durchschnittlich 260 000 Haaren). Was lässt sich aus den Gerüchen aus Mund und Nase schließen? (Aromatischer Geruch bei Alkoholisierung, Bittermandelgeruch bei Blausäure, knoblauchartiger Geruch bei E605, Aceton, Urämie.) Das alles hätte sich der Arzt fragen müssen, und selbst dann hätte er noch nicht mit Sicherheit einen natürlichen Tod feststellen können, denn er hätte noch nicht nach etwaigen Blutergüssen, Schürfspuren, Beschmauchungen, Blutspritzern, Wasserablagerungen, Druckstellen, Blasen, Narben, Verletzungen, Injektionsstellen, Strommarken, Hautabszessen, Schwangerschaftszeichen, Schwellungen, Hämatomen, Knochenreiben, Blutaustritten, punktförmigen Blutungen, Kompressionen, Stauungen oder Vertrocknungen gesucht oder die Atemwege auf Erbrochenes, ein nicht fest sitzendes Gebiss, Verätzungen, Fremdmaterial, Tablettenreste und Speichelabrinnspuren überprüft und last but not least alle weiteren Körperöffnungen wie After oder Vagina kontrolliert.

Kurzum, eigentlich hätte der Arzt einen ziemlich aufwendigen und zugleich unschönen Aufgabenkatalog abarbeiten müssen. Gerne machen das die wenigsten, und gerade bei hochspezialisierten Fachärzten zählt mitunter kaum einer der aufgelisteten Punkte zum eigentlichen Kompetenzbereich. Viele Ärzte sind zudem aufgrund von Hemmungen und der Unerfahrenheit mit der Leichenschau meist schlicht überfordert. Davon abgesehen fehlt es bereits an einer einheitlichen Definition, was ein natürlicher und was ein nicht natürlicher Tod genau sein soll! Wenn etwa ein an Krebs lebensbedrohlich erkrankter Patient im Krankenhaus notoperiert wird und dann einige Wochen später an einer Infektion mit Krankenhauskeimen verstirbt, war dieser Tod dann natürlich oder nicht? Wie aber soll unter diesen Voraussetzungen ein Arzt ohne konkrete rechtsmedizinische Qualifizierung im Einzelfall darüber entscheiden?

Und selbst wenn ein Arzt sich bei der Einschätzung der Todesursache unsicher wäre, gäbe es ohnehin niemand, an den er sich wenden könnte, um fachärztlichen Rat oder eine Zweitmeinung einzuholen. Dabei wäre höchste Eile geboten, denn die ärztliche Leichenschau ist unverzüglich nach Erhalt der Anzeige über den Todesfall durchzuführen. Hinzu tritt, dass der Leichenbeschauer mit der Krankengeschichte des Verstorbenen nur selten vertraut ist und die Todesursache auch aus diesem Grund kaum trennscharf bestimmen kann.

Und die Angehörigen vor Ort sind meist keine zuverlässige Hilfe. Oder können Sie sich vorstellen, wie Sie unter dem schmerzlichen Eindruck des Todes eines nahen Familienmitgliedes dessen gesamte Krankengeschichte herunterbeten? Aber auch der Mediziner wird unter diesen Umständen nur schwerlich die für eine »Sachbearbeitung« notwendige emotionale Distanz wahren können. Und was hätte Helmut wohl unserem syrischen Arzt erzählt, hätte dieser ihn um Details zur Krankheitsgeschichte seines Opfers befragt? – Eine bessere Gelegenheit, einen Mord zu vertuschen, gibt es wohl nicht.

Streng genommen müsste ein Arzt also selbst nach einer Befragung der Angehörigen in der Todesbescheinigung zunächst zumindest »ungeklärt« eintragen.

Würde allerdings in einem solchen Fall anschließend

der Hausarzt des Toten zu einer zweiten Leichenschau gerufen und würde dieser aufgrund seiner Kenntnis der Krankengeschichte einen natürlichen Tod bescheinigen, so existierten plötzlich zwei Todesbescheinigungen unterschiedlichen Inhalts. Dabei kommt es nicht selten vor, dass ausgerechnet die Polizeibehörden den ersten Arzt regelrecht dazu drängen, er möge – wie der zweite Kollege auch – doch noch einen natürlichen Tod bescheinigen. Auf diese Weise bleiben der Kriminalpolizei umfangreichere Ermittlungstätigkeiten erspart.

Entgegen dem, was uns die Film- und Fernsehwelt glauben lässt, führt übrigens niemals ein Rechtsmediziner die »normale« Leichenschau durch, denn zur Leichenschau verpflichtet sind die niedergelassenen Ärzte – ganz abgesehen davon, dass es im Regelfall die Angehörigen des Verstorbenen, also Ehepartner, volljährige Kinder, Eltern oder sonstige nahe Verwandte sind, die die Leichenschau veranlassen. Und die werden meist den ihnen vertrauten Hausarzt rufen, nicht die Polizei, über die der Rechtsmediziner überhaupt erst ins Spiel kommt, insbesondere natürlich auch dann nicht, wenn sie etwas mit dem Tod des Angehörigen zu tun haben und dies zu vertuschen gedenken.

Für den Hausarzt aber besteht nicht selten ein Interessenkonflikt. Einerseits soll er eine unabhängige Leichenschau durchführen, und andererseits will er es sich mit den noch lebenden Angehörigen und Patienten nicht verscherzen. Die befinden sich zumeist ohnehin in einer emotionalen Ausnahmesituation und haben im Regelfall wenig Verständnis für einen Familienarzt, der sie unter Generalverdacht nimmt. Die oft pietätlos anmutenden Untersuchungsmethoden bei der Leichenschau werden dem

Arzt vermutlich ebenfalls nur wenig Sympathie einbringen. Und möchte man als allseits geschätzter Arzt im Falle einer ungeklärten Todesursache wirklich das Risiko eingehen, ins Gerede zu kommen? Welcher Arzt möchte schon im Ort als derjenige verschrien sein, der den trauernden Angehörigen die Polizei auf den Hals hetzt, weil er nicht in der Lage ist, einen natürlichen Tod festzustellen? Gerade auf dem Land könnte er seine Praxis vermutlich alsbald dichtmachen.

Selbst wenn der Arzt das Risiko eingehen würde, zahlende Patienten zu verlieren, und eine gründliche Leichenschau vornähme, würde es sich für ihn in keiner Weise auszahlen. Für eine Leichenschau erhält der Arzt eine Gebühr zwischen 14,57 Euro bis höchstens 51,00 Euro, im Mittel etwa 33,51 Euro. Nicht gerade viel, wenn man bedenkt, was eine gewissenhafte Untersuchung beinhaltet. Die Krankenkasse bezahlt die Leichenschau nicht – schließlich lebt der Untersuchte zu diesem Zeitpunkt nicht mehr, sein Versicherungsschutz ist somit erloschen.

Also muss der Arzt zusehen, von wem er die paar Kröten bekommt. Und hier sind wir wieder bei den Familienangehörigen, die der Arzt nicht mit einer als pietätlos empfundenen oder gar als unklar diagnostizierten Leichenschau verärgern will. Ein waschechter Teufelskreis.

Und so verwundert es nicht, dass etwa 25 Prozent der Ärzte eine vollständige Leichenschau nur bei fremden Patienten durchführen und andernfalls den Totenschein ganz ohne Leichenschau ausfüllen. Knapp 40 Prozent der Ärzte entkleiden den Leichnam lediglich teilweise, während die Mehrheit, weit über 50 Prozent aller Ärzte, die Leiche überhaupt nicht entkleiden. Über die Vorgehensweise der übrigen paar Ärzte, die eine vollständige Leichenschau durchführen, existieren keinerlei Statistiken.

Der syrische Arzt stand also bei Weitem nicht alleine da.

Nach diesen Erkenntnissen verwundert es nicht weiter, wenn selbst Leichen mit Herzstichen, Bauchschüssen oder eindeutigen Würgemalen schnell als auf natürlichem Wege verstorben deklariert und daraufhin bestattet werden. Wir erinnern uns: Nur bei einer vom Arzt attestierten nicht natürlichen Todesursache oder einer nicht geklärten Todesart ermitteln die Strafverfolgungsbehörden. In diesem Fall wird die Leiche beschlagnahmt, und eine Bestattung ist erst möglich, wenn die Leiche nach Abschluss der Ermittlungen wieder freigegeben wird – und das kann dauern. Dagegen darf der Leichnam nach der Feststellung eines »natürlichen« Todes recht zügig beerdigt werden. Die Bestattungsfrist beträgt in den meisten Bundesländern achtundvierzig Stunden, in einigen anderen vierundzwanzig.

Womit wir wieder bei Helmut Holzinger wären. Unmittelbar nach Oma Holzingers Tod hätte der Arzt Strangmarken, punktförmige Einblutungen im Bindegewebe sowie Stauungen und Dunsungen der Gesichtsweichteile feststellen können, die auf ein Tötungsdelikt hinweisen. Selbst Jahre später kann man diese Form von Gewalteinwirkung anhand von knöchernen Verletzungen von Zungenbein und Kehlkopf noch erkennen. Der Fall »Oma Holzinger« ist nur ein Beispiel für das Versagen des Systems der ärztlichen Leichenschau.

Welchen Arzt ein Angehöriger zur Leichenschau letztlich beauftragt, ist ihm völlig freigestellt.

Der auserkorene Wunschkandidat ist sogar gesetzlich dazu verpflichtet, die Leichenschau auf Verlangen vorzunehmen. Einem mordenden Angehörigen ist es also freigestellt, den wohlgesinnten Hausarzt mit der Leichenschau zu beauftragen oder einen laxen Arzt oder auch den medizinisch approbierten besten Freund. Selbst wenn der Hausarzt Hausfreund des unter tragischen Umständen Verstorbenen ist und gleichzeitig der Liebhaber der trauernden Witwe, steht das einer Leichenschau nicht im Wege. Man ist nicht einmal daran gehindert, einen der deutschen Sprache nur wenig mächtigen Arzt mit der Leichenschau zu beauftragen. Alles, was er haben muss, ist eine Approbation.

Ein Korrektiv für die ärztliche Leichenschau existiert nicht – es sei denn, der Verstorbene wird feuerbestattet, denn in diesem Fall wird der Leichnam als Beweismittel unwiederbringlich vernichtet. Je nach örtlicher Rechtslage erfolgt in den meisten Bundesländern eine zweite sogenannte Feuerbestattungsleichenschau im Auftrag der Gesundheitsämter. Durchgeführt wird sie von einem Amtsarzt oder einem Facharzt für Rechtsmedizin. Dieser überprüft, ob der zuvor diagnostizierte natürliche Tod durch einen kursorischen Blick auf den entkleideten Leichnam zwanglos bestätigt werden kann. Ergibt sich dabei der offenkundige Verdacht, dass der Verstorbene eines nicht natürlichen Todes gestorben sein könnte, und können die Zweifel auch nach Hinzuziehung des behandelnden Arztes nicht ausgeräumt werden, findet eine Obduktion statt.

Da sich aber die Hälfte aller Bundesbürger für die klassische Erdbestattung entscheiden, werden wahrscheinlich etwa 400 000 Tote im Jahr niemals auch nur oberflächlich durch einen erfahrenen Amtsarzt oder Rechtsmediziner begutachtet. Und in Bayern gibt es zum Beispiel eine solche zweite Leichenschau bei Feuerbestattungen erst gar nicht.

Bei einer jüngst durchgeführten Umfrage unter niedergelassenen Allgemeinärzten in Thüringen gaben 61 Prozent der Ärzte an, selbst bei eher seltsam anmutenden Todesfällen einen natürlichen Tod zu bescheinigen. Zumindest bei Senioren mit halbwegs komplizierter Krankengeschichte gilt: Nennt man dem Arzt eine einigermaßen plausible Symptomatik für die Todesursache des Verstorbenen – wie etwa in letzter Zeit häufig aufgetretene »Kreislaufbeschwerden« –, dann ist die Feststellung eines natürlichen Todes nur noch eine reine Formsache. Oft bedarf es nicht einmal mehr der allseits bekannten und angeblich so perfekten Tötungsmethoden, wie etwa alten Menschen ein Kissen aufs Gesicht zu drücken. Selbst ein mit dem Hammer eingeschlagener Schädel lässt sich im Rahmen der ärztlichen Leichenschau ganz plausibel als geplatzte Krampfader vermitteln oder gar als Folge eines Sturzes nach überraschendem Herzversagen, denn letztlich stirbt ja doch jeder Mensch, weil das Herz nicht mehr schlägt.

Mein gut gemeinter Rat, den Oma Holzinger leider nicht mehr beherzigen kann, lautet: Seien Sie besser freundlich zu Ihren Angehörigen!

Bleibt abschließend nur noch zu klären, wie Helmut Holzingers Geschichte doch noch aufgedeckt werden und somit Eingang in dieses Buch finden konnte.

Ebenso wie die Ursache seiner Nichtentdeckung war auch die Ursache seiner Entdeckung äußerst banal: Als seine Frau Sigrid auch nach dem Ableben von Oma Holzinger nicht nach Hause zurückkommen wollte, prahlte er, dass er die garstige Alte aus Liebe zu ihr und der Familie getötet habe. Eine schlechte Idee, denn Sigrid hatte in der Zwischenzeit im Heimatort ihrer Eltern ihre alte Jugendliebe wiedergefunden. Und wenn Liebe verblasst und Scheidungskriege entbrennen, ist es stets schmutzige Wäsche, die gewaschen wird, oder wie glauben Sie, werden die meisten Steuersünder hierzulande erwischt?

Helmut jedenfalls sitzt eine lebenslange Haftstrafe wegen Mordes ab, dafür muss er aber keine Steuern mehr bezahlen.

EIGENE SORGFALT

In der spießbürgerlich eingerichteten Wohnung einer Reihenhaussiedlung lag eine nackte Frau auf dem Doppelbett. Aus dem weit geöffneten Mund der Leiche ragte eine etwa dreißig Zentimeter lange und acht Zentimeter dicke Gurke heraus, die mit einem Kondom überzogen war. Tief steckte das Gemüse im Rachen der jungen Frau. Sie musste qualvoll daran erstickt sein. Ihre Hände waren mit einer Art Stahlzwinge gefesselt, an den Scharnieren hingen zwei dicke Vorhängeschlösser.

Eine andere Leiche fanden ermittelnde Beamte in einem noblen Apartment – auch diese nackt und gefesselt auf einem Bett. Die zwei mal zwei Meter große Decke, auf der die Leiche des 64-jährigen Bauunternehmers lag, war blutbesudelt, nur an einigen wenigen Stellen konnte man erkennen, dass die Decke einmal weiß gewesen sein musste. Um den Hals des Mannes lag ein dünnes Seil, mit welchem ihm die Hände auf komplizierte Art und Weise auf den Bauch gebunden waren. Am unteren Ende war das Seil mit seinem Penis verknotet. Diese komplexe Verschnürung hatte der Mann wohl kaum selbst vorgenommen. In der rechtsmedizinischen Untersuchung stellte sich später heraus, dass die Verknotung recht perfide Auswirkungen auf den Mann gehabt hatte: Der komplizierte Mechanismus war darauf ausgelegt, dass der Mann sich den Penis abschnürte, so er die Hände nach oben bewegte. Bewegte er sie dagegen nach unten – um das Zuschnüren seines Penis zu verhindern –, drosselte er seinen Hals. Der Grund für das Blutbad war aber ein anderer. Auf der Stirn des Leichnams prangte ein großes, tiefes Loch, und neben seinem Kopf lag ein großkalibriger Revolver, der sich silberglänzend von der rot getränkten Daunendecke abhob.

In beiden Fällen konnte die Polizei die Täter noch am Tatort stellen. Ins Gefängnis musste aber niemand.

»Wir leben in einer aufgeschlossenen Beziehung. Wir lieben Sex jenseits der Missionarsstellung. Wir sind auch regelmäßig als Swinger unterwegs. Sex mit anderen gehört für uns dazu. Deswegen auch die Sache mit der Gurke.«

Der Sparkassenangestellte bemühte sich sichtlich, den Ermittlern der Mordkommission den Tod seiner Verlobten verständlich zu machen. Er hatte die Rettungskräfte selbst verständigt, doch die junge Frau war bereits tot gewesen. Alles deutete auf Fremdverschulden hin. Das Opfer hatte sich die Vorhängeschlösser des gut zwanzig Kilo schweren Stahlzwingers schließlich nicht selbst anlegen können.

»Meine Freundin liebte die Vorstellung, gleichzeitig von zwei Männern befriedigt zu werden. Und bei unserem letzten Besuch im Swingerclub hatten wir Sex mit einem – na ja, wie sage ich das jetzt – Mann, der wirklich gut bestückt war. Sein Ding war so lang und so dick, dass meine Freundin sich erst gar nicht getraut hat, ihn anzusprechen. Aber ich muss zugeben, der Gedanke, dass so jemand meine Freundin – na ja, Sie wissen schon –, also es hat mich so angeturnt, dass ich sie überredet habe, mit mir gemeinsam zu ihm zu gehen. Und es hat meiner Freundin dann auch wirklich gut gefallen. Sie war ganz heiß drauf, seinen riesigen Penis in den Mund zu nehmen, und er hat ihn ihr so tief reingesteckt, dass sie würgen musste. Ich wollte erst dazwischengehen, aber meine Freundin hat mir signalisiert, dass sie es genau so wollte. Der Abend mit dem Mann war einfach der Hammer – für uns beide. Sie hat mir danach erzählt, dass sie kaum Luft bekommen hat, wegen dem dicken Teil in ihrem Hals, das hat sie richtig angeturnt.

Diese Situation wollten wir heute nachspielen. Wir haben zwar viel Spielzeug, aber so was Dickes, das dem Penis des Mannes gleichgekommen wäre, haben wir nicht im Haus. Da hatte meine Freundin die Idee mit der Gurke. Die kam dem Penis in etwa gleich. Zuerst habe ich sie ihr in ihre Scheide und dann in den Po eingeführt. Danach wollte sie die Situation im Swingerclub nachstellen, wo unser Swingerpartner mit dem Körper auf ihrem Kopf gelegen und ihr den Penis tief in den Mund gestoßen hatte, während ich sie ganz normal, also vaginal nahm. Um dem Ganzen noch ein bisschen mehr Kick zu geben, bat sie mich, ihr den stählernen Zwinger anzulegen. Auf Fesselspiele stand meine Freundin schon immer, aber aus den billigen Handschellen und Seilen, die man im Sexshop bekommt, hat sie sich immer befreien können, daher dann auch der Zwinger, den ein handwerklich geschickter Freund eigens für uns angefertigt hat.

Während wir also miteinander Sex hatten, sie mit der

Gurke im Mund und ich mit dem Penis in ihrer Vagina, ging plötzlich der Rauchmelder los. Ich hatte völlig vergessen, dass ich ein paar Würstchen in die Pfanne gelegt hatte. So war es auch überhaupt erst zum Sex gekommen. Ich hatte einen Gurkensalat zubereiten wollen. Und während die Würstchen noch brutzelten und ich die Gurke aus dem Kühlschrank nahm, hat mich meine Freundin von hinten angefasst. Sie hat dann meinen Penis in den Mund genommen und mir das mit der Gurke gesagt. Ich bin dann mit ihr ins Schlafzimmer, und wir haben keinen weiteren Gedanken an die Würstchen verschwendet, wir waren einfach so heiß aufeinander.

Als dann der Rauchmelder losging, bin ich sofort aufgesprungen und in die Küche gerannt. Die Küche war völlig verraucht. Ich habe sofort die Fenster aufgerissen und gelüftet, die Würstchen entsorgt und den Rauchmelder abgestellt. Und ich... Ich weiß nicht, wie ich es sagen soll... Ich war so hungrig und habe mir dann noch mal ein paar Würstchen in die Pfanne geworfen und sie gegessen. Als ich danach ins Schlafzimmer zurückgegangen bin, lag meine Freundin einfach nur da und hat nicht mehr reagiert. Ich wusste nicht, was ich tun sollte, und habe den Rettungsdienst verständigt. Glauben Sie mir bitte, ich hatte das mit der Gurke wegen des Rauchalarms nicht mehr auf dem Schirm. Ich weiß einfach nicht, wie das passieren konnte, ich wollte das doch nicht!«

»Ich weiß einfach nicht, wie das passieren konnte, ich wollte das doch nicht!« Schon während des Anrufs beim Polizeinotruf gab die junge Ehefrau des Bauunternehmers völlig von der Rolle zu, dass sie ihren Mann erschossen, dies aber gar nicht gewollt hatte. Natürlich dauerte es nach diesem Anruf nicht lange, bis die ersten Streifenwagen vor dem prunkvollen Stadthaus eintrafen. In dem luxuriösen Apartment begegneten die Polizisten der jungen Frau. Lediglich mit einem blutbespritzten Negligé bekleidet, öffnete sie ihnen die Tür.

»Wir haben das schon so oft gemacht. Was habe ich getan? Aber er wollte keinen normalen Sex. Er wollte immer, dass ich ihm wehtue. Anfangs hat es ihm gereicht, wenn ich ihm ins Gesicht schlug oder ihn anspuckte. Aber bald war ihm das nicht mehr genug. Er wollte immer mehr. Ich sollte ihm in den Penis beißen, ihm mit den Kontaktklemmen von so einem Überbrückungskabel in die Brustwarzen kneifen.

Aber auch das reichte ihm irgendwann nicht mehr. Er hat bei einem Schmied Analspielzeuge mit Metalldornen bestellt – eine Spezialanfertigung. Das hat Tausende Euro gekostet. Die musste ich ihm regelmäßig einführen. Er hat auch spezielle Lederruten mit Widerhaken anfertigen lassen, damit ich ihn damit auspeitsche.

Wir hatten ein Notfallzeichen – zweimal mit dem Kopf nicken, falls es mal zu hart würde –, er hat das aber nie genutzt. Irgendwann bat er mich dann, ihn zu würgen. Am besten kam er zum Orgasmus, wenn ich ihm kurz davor die Luft abschnürte. Aber ich hatte einfach zu wenig Kraft in den Händen, deshalb die Seile.« Immer wieder brach die junge Witwe in Tränen aus. »Ich habe sogar an einem zweitägigen Bondage-Workshop teilgenommen, bin nach Berlin gefahren, um verschiedene Fessel- und Seiltechniken zu erlernen. Da hat man mir dann gezeigt, was man alles mit Seilen anstellen kann, Dinge, die ich vorher nie für möglich gehalten hätte. Als er davon Wind bekam, dass es eine Bondagetechnik gibt, bei der man Penis und Hals mit den Händen verschnürt, bat er mich darum, auch das zu lernen. Die Kurse kosteten richtig viel Geld, allein die Anschaffung der Seile hat mehrere Hundert Euro verschlungen. Ich habe mir doch wirklich Mühe gegeben, alles so zu machen, wie er es wollte. Aber in letzter Zeit war auch das nicht mehr genug. Seit ein paar Wochen musste ich das mit dem Revolver machen. ›Du bist doch Russin, also spielen wir russisches Roulette‹, hat er zu mir gesagt. Ich hatte furchtbare Angst vor dem riesigen Ding. Er hat mir schon beim ersten Mal gesagt, dass man mit dem Revolver einen ausgewachsenen Braunbären töten könnte, so groß sei das Loch, das die Kugel in den Körper reißen würde.

Aber es war nie eine echte Patrone darin. Er hat sie mir doch am Anfang sogar gezeigt. Er hat gesagt, dass das nur eine unechte Patrone ist, ein Dummy. Der Revolver war immer nur mit dieser einen Dummy-Patrone geladen, ich schwöre es! Er wollte dazu auch immer gefesselt werden, zuletzt nur noch mit dieser Penis-Hals-Technik. Dann musste ich den Revolver nehmen, die Trommel mit Schwung drehen, auf ihn zielen und abdrücken. Nachdem ich abgedrückt hatte, musste ich nachsehen, ob die Dummypatrone an Ort und Stelle des Laufs steckte und er im Falle einer echten Patrone tot gewesen wäre. Wenn nicht, sollte ich ihn losbinden, und er durfte mit mir Liebe machen. Wenn er aber eigentlich tot gewesen wäre, dann musste ich ihn bestrafen. Ich sollte ihn dann an den Händen und Füßen mit einer Straußenfeder kitzeln, sodass er sich bewegte und sich dadurch Hals oder Penis abschnürte. Ich verstehe einfach nicht, was heute schiefgelaufen ist. Er muss den Revolver mit einer echten Patrone geladen haben. Ich schwöre Ihnen, ich wusste das nicht. Wir haben das doch schon so oft gemacht. Nie ist etwas passiert. Warum hat er das nur getan? Ich habe ihn doch geliebt und er mich auch. Wieso tut er mir das an? Ich habe ihm gesagt, dass ich Waffen verabscheue, dass ich mit diesen ekelhaften Dingen nichts zu tun haben will. Aber er sagte, er könne nur so zum Orgasmus kommen. Er brauche das. Sonst müsse er es sich woanders holen. Aber das wollte ich doch nicht. Ich liebe meinen Mann. Ich habe einfach alles für ihn getan, auch wenn es für mich nicht schön war. Bitte helfen Sie mir! Was soll ich denn jetzt nur tun?«

In beiden Fällen war völlig klar, wer die Täter waren. Und beide berichteten der Polizei von einem tragischen Unfall, mit dessen tragischen Folgen sie für immer leben müssen. Eine ziemlich schwere Strafe. Und dennoch nicht Strafe genug. Denn das Strafgesetz sieht auch dann Konsequenzen für den Unfallverursacher vor, wenn Menschen durch ein verhängnisvolles Versehen zu Schaden kommen oder durch einen fremdverschuldeten Unfall – wenn diese auch nicht sonderlich hart ausfallen. Denn wer nur versehentlich oder mangels ausreichender Sorgfalt handelt und dabei jemanden verletzt, der kommt strafrechtlich gesehen so gut wie ungeschoren davon. Selbst wenn der Täter bewusst handelt, aber darauf vertraut, dass nichts passieren wird, kommt er recht glimpflich davon. Solche Fahrlässigkeit wird im Regelfall mit einer Geldstrafe geahndet, allenfalls mit einer geringen Bewährungsstrafe. Schließlich verstößt ein fahrlässig Handelnder nicht bewusst gegen ein Strafgesetz. Der Vorwurf, den man ihm macht, ist die Außerachtlassung der gebotenen Sorgfalt bei seiner Handlung, sprich: Er hätte unter Einsatz aller geistiger Anstrengung erkennen können, dass zum Beispiel der Umgang mit einer scharfen Schusswaffe eine gewisse Gefahr in sich trägt.

Weil man aber ein Verhalten, das auf einem Versehen, auf einer Unaufmerksamkeit oder auf Sorglosigkeit fußt, nicht unnötig kriminalisieren will, sind solche als »fahrlässig« bezeichneten Taten nur in ganz wenigen, gesetzlich ausdrücklich bestimmten Ausnahmefällen unter Strafe gestellt, und auch dann – wie gesagt – fällt diese nicht besonders hart aus. So ist zum Beispiel fahrlässige Körperverletzung oder Tötung strafbar, fahrlässige Sachbeschädigung dagegen nicht. Ersteres wird sanktioniert, weil die körperliche Unversehrtheit oder gar das Leben eines Menschen das höchste Schutzgut unserer Gesellschaft ist. Eine derartige Verletzung soll auch bei leichtfertigem oder sorglosem Handeln nicht ungesühnt bleiben.

Wer beispielsweise aus Unachtsamkeit einen Unfall baut, bei dem das gegnerische Fahrzeug schwer beschädigt und der Fahrer des Wagens getötet wird, macht sich der fahrlässigen Tötung, nicht aber der fahrlässigen Sachbeschädigung strafbar. Das Auto ist schließlich ersetzbar.

Gleichwohl will man aber dem unglücklichen Verursacher selbst im Falle der fahrlässigen Körperverletzung oder Tötung nicht das Leben vermiesen, indem man ihn schwer bestraft. Schließlich hat jeder Mensch mal einen Tag, an dem ihm aus Unachtsamkeit oder Sorglosigkeit ein Fehler unterläuft. Um für fahrlässiges Handeln also in den Knast zu wandern, muss schon ein triftiger Grund vorliegen. Wenn beispielsweise zwei voll besetzte Züge aufeinanderkrachen, weil ein Fahrdienstleiter vorschriftswidrig mit dem Handy spielt, statt die Weichen zu stellen, dann mag es auch gerechtfertigt sein, für eine bloße, aber dafür sehr schwere Sorgfaltspflichtverletzung zu einer Gefängnisstrafe verurteilt zu werden. Wer hingegen ein Verkehrsschild übersieht und deshalb ein Kind totfährt, wird in der Regel mit einer kleineren Geldstrafe davonkommen.

Nichts anderes kann dabei für tragische Sexunfälle gelten. Auch hier wird man aufgrund bloßer Unachtsamkeit nicht gleich einer spanischen Inquisition unterzogen, schon ob der schicksalsschweren Umstände.

Doch was, wenn die Fälle unserer beiden Unglücksraben in Wirklichkeit ganz anders abgelaufen sind? Was, wenn es sich nicht um tragische Sexunfälle, sondern um gezielte Tötungen handelte?

Es könnte doch auch durchaus so gewesen sein, dass der Freund in unserem ersten Fall in Wahrheit auf den gut bestückten Swinger eifersüchtig war – zum Beispiel, weil dieser seiner Freundin seit dem Tête-à-Tête im Swingerclub Liebes-SMS schrieb oder die beiden sich heimlich trafen. Zumindest fanden die Kriminalbeamten Nachrichten auf dem Handy des Opfers, die eine gewisse Flirtbereitschaft der beiden belegen. Der Freund könnte deshalb beschlossen haben, seiner Freundin einen Denkzettel zu verpassen, indem er ihr die Gurke ähnlicher Abmessungen des besten Stücks des Nebenbuhlers gewaltsam in den Mund schob. Vielleicht stand sogar die pure Absicht dahinter, die Freundin auf diese grausame Art und Weise zu töten?

Und auch im zweiten Fall könnte alles ganz anders gewesen sein, als es die junge Ehefrau schilderte.

Wie die Polizei ermittelte, hatte sich das Paar erst neun Monate zuvor kennengelernt und kurz darauf geheiratet.

Hatte die Frischangetraute die Waffe des Millionärs vielleicht absichtlich mit scharfer Munition geladen, um ihn dann im Laufe des Liebesspiels zu erschießen?

Oder hatte sie das Liebesspiel sogar nur inszeniert, ihrem Mann den geladenen Revolver unter die Nase gehalten, ihm befohlen, sich auszuziehen und sich ins Bett zu legen, nur um ihn zu fesseln und ihm dann kaltblütig eine Kugel in den Kopf zu jagen?

Immerhin hatte der kinderlose Millionär seine Frau als Alleinerbin eingesetzt.

Wir erinnern uns: Wer nicht aus Versehen, aus Unachtsamkeit oder Sorglosigkeit, sondern absichtlich handelt und dadurch dem Leben eines anderen ein Ende setzt, der muss in jedem Fall bestraft werden. Denn er setzt sich bewusst vorsätzlich über die Gesetze hinweg, die dem Schutz der Menschen dienen.

Wer sich die Tötung eines anderen Menschen zum Ziel setzt, macht sich des vorsätzlichen Totschlags strafbar. Wer einen anderen Menschen auf eine besonders verwerfliche Art tötet, macht sich des vorsätzlichen Mordes strafbar.

Hätte die junge Russin ihrem Ehemann also ein Loch in den Kopf geschossen, um an das Erbe zu gelangen, würde sie wegen Mordes zu lebenslanger Haft verurteilt, denn sie wusste, dass ihr Mann durch einen Schuss in den Kopf sterben würde, und zielte genau darauf ab, um an das Geld zu kommen. Selbst wenn sie aus Versehen danebengeschossen hätte, würde sie immer noch wegen versuchten Mordes bestraft, auch wenn das Opfer keinen Kratzer davongetragen hätte. Der Ehemann würde zwar noch leben, aber die Täterin wollte seinen Tod ja dennoch und wusste, welche Folgen ihr Handeln hätte haben können. Ein Gericht kann in einem solchen Fall die Strafe mildern, ist aber nicht dazu verpflichtet. Die junge Witwe würde unter den beschriebenen Umständen für sehr, sehr lange Zeit wegen versuchten Mordes ins Gefängnis wandern.

Hat sie hingegen die Wahrheit gesagt und dachte, dass die Waffe nicht geladen war, könnte man trefflich darüber streiten, ob sie überhaupt sorglos und damit fahrlässig gehandelt hat, war sie doch überzeugt, dass wegen der Dummypatrone nichts passieren konnte. Würde sie trotzdem für ihr Handeln bestraft, fiele die Strafe mangels Vorsatz entsprechend gering aus. Vermutlich müsste sie ein paar Tausend Euro an eine gemeinnützige Einrichtung zahlen. Gleiches gilt natürlich auch für den Gurkenmann.

Ist ein als Versehen oder Unfall getarnter Sexualmord vielleicht der perfekte Mord? Wer kann schon im Nachhinein feststellen, ob der Griff an den Hals, die Latexmaske ohne Luftöffnung oder eben auch die tief in den Mund geschobene Gurke oder das russische Roulette den Tod herbeiführen sollte oder dieser nur Folge einer sorglosen, fehlerhaften oder versehentlichen Fehleinschätzung war?

Ebendeshalb zählt die Abgrenzung vorsätzlichen Handelns von fahrlässigem Handeln zu den schwierigsten Aufgaben des Strafrechts.

Und man unterscheidet keineswegs nur zwischen Vorsatz und Fahrlässigkeit. Unter Juristen werden schier endlose Varianten diskutiert. So unterscheidet man beispielsweise zwischen Absicht, direktem Vorsatz, bedingtem Vorsatz und zwischen bewusster, einfacher und grober

Fahrlässigkeit. Und dann gibt es auch noch das sogenannte erlaubte Risiko, das eigentlich nicht direkt mit dem Vorsatz zu tun hat, irgendwie aber doch.

In der gebotenen Kürze dazu nur so viel: Bei der Absicht kommt es dem Täter darauf an, das Opfer zu töten. Der Tod eines Menschen ist also zentraler Bestandteil seines Tatplans. Ein Beispiel: Damit die junge Russin das Erbe ihres Ehemannes einheimsen kann, muss dieser sterben.

Bei direktem Vorsatz weiß der Täter zwar, dass seine Tat das Opfer das Leben kosten wird, dies ist aber nicht unbedingt sein eigentliches Ziel: Der Einbrecher tötet den Wachmann, um unentdeckt die Beute einzusacken. Sein eigentliches Ziel ist die Beute, nicht der Mord des Wachmanns.

Bisher war das alles noch ganz einfach, aber was, wenn ein Betrüger auf der Flucht planlos auf die Polizisten feuert, die ihn verfolgen, um sie zu verschrecken? Der Betrüger will hier nur fliehen – verletzen oder gar töten will er dabei niemanden. Um aber auch diesen Täter möglichst hart bestrafen zu können, haben Juristen eine weitere Vorsatzform erfunden, den bedingten Vorsatz. Hierbei geht man davon aus, dass der Handelnde, unser Betrüger, immerhin erkennt, welche Konsequenzen möglicherweise auf sein Handeln folgen. Schießt er in diesem Wissen trotzdem wahllos auf seine Verfolger und nimmt damit den möglichen Tod mehrerer Personen billigend in Kauf (auch wenn er dies nicht will), handelt es sich statt um einen Unfall um ein vorsätzliches Tötungsdelikt, also bedingten Vorsatz.

Und jetzt wird es erst so richtig kompliziert: Was, wenn der Betrüger denkt, dass seine Schüsse schon niemanden treffen werden? Der Jurist spricht in solchen Fällen dann von bewusst fahrlässigem Handeln. Und Fahrlässigkeit zieht bekanntermaßen eine weitaus geringere Strafe nach sich, etwa eine Geldstrafe oder eine Bewährungsstrafe.

Nur zu Recht wird man sich dann aber fragen, wie man im Nachhinein eigentlich feststellen will, ob der flüchtende Betrüger bedingt vorsätzlich tötete oder bewusst fahrlässig darauf vertraute, dass niemand getroffen würde? Die Frage, ob man vorsätzlich oder ungewollt/unwissentlich handelt, kann eigentlich nur der Handelnde selbst beantworten – schließlich gibt es noch keine technische Möglichkeit, Gedanken nachträglich auszuwerten. Um einen Angeklagten aber wegen einer vorsätzlichen Straftat zu verurteilen, müsste man schon nachweisen, was dieser zum Zeitpunkt der Tat wusste und wollte, also nachträglich seine Gedanken lesen.

Wenn der Betrüger bei seiner Ergreifung einen Kommentar fallen ließe wie: »War mir ziemlich egal, ob es einen von euch Bullenschweinen trifft!«, erledigte sich das natürlich von selbst. So dumm sind aber die wenigsten Täter.

Was also tun, wenn gerade keine Zeitmaschine zur Hand ist, mit der man zurück in die Vergangenheit reisen und aufklären könnte, was tatsächlich passiert ist? Dem Gurkenmann wird man auch dann nicht in den Kopf schauen können, um zu eruieren, ob er seiner Freundin nur einen kleinen Denkzettel verpassen oder sie töten wollte.

Und unsere junge Witwe? Gehen wir einmal davon aus, sie und ihr Mann hätten einvernehmlich russisches Roulette gespielt. Sie hätte also in dem Wissen um den geladenen Revolver mit sechs Kammern und einer scharfen Patrone auf einen aufgeklärten Mitspieler gezielt und genau einmal abgedrückt. Handelt es sich dabei um bedingten Vorsatz? Oder doch um bewusste Fahrlässigkeit? Und kommt es darauf an, ob die junge Frau ihren Mann liebt oder eigentlich gerne loswerden will? Wie könnte man das jeweils beweisen? Eine befriedigende Antwort auf eine solche Frage gibt es nicht.

De facto hat sich daher die oberste Rechtsprechung mit der Lehre vom »billigenden Inkaufnehmen« (bedingter Vorsatz) die Deutungshoheit über Vorsatz und Fahrlässigkeit verschafft, eine Leerformel, die von den Gerichten gar nicht ausfüllbar ist und dazu dient, dem höchsten aller Gerichte im Strafrecht, dem Bundesgerichtshof, die Möglichkeit offen zu halten, auch ein in sich stimmiges Tatgerichtsurteil aufzuheben.

In der Rechtsprechung kommt es übrigens kaum je zu einem Urteil wegen bewusster Fahrlässigkeit, zum Beispiel weil man der Einlassung des Täters glaubt, er habe beim Schießen auf die Polizeibeamten zwar für möglich gehalten, dass einer sterben könnte, aber darauf vertraut, dass schon nichts passieren würde. Denn wenn objektiv klar ist, dass der Täter einen bestimmten Erfolg seiner Handlung für möglich halten musste, wird ihm einfach unterstellt, dass er sich damit abgefunden und dennoch gehandelt hat. Er wird also genauso hart bestraft wie jemand, der es ganz gezielt auf eine Tötung angelegt hat. Ausnahmen gibt es nur dann, wenn gewichtige Indizien gegen den Vorsatz sprechen.

Vielleicht haben Sie schon bemerkt, dass diese erfundene Konstruktion dem ehernen Grundsatz »Im Zweifel für den Angeklagten« ziemlich zuwiderläuft. Trotzdem wenden Juristen sie nicht selten an, was zu einem ganzen Katalog an Kriterien geführt hat, in welchen Fällen man von bedingtem Vorsatz sprechen kann und in welchen nicht.

So wird die Abgabe von Schüssen auf Menschen von der Rechtsprechung gemeinhin als vorsätzliches Tötungsdelikt gewertet, ausgehend von dem Erfahrungssatz, dass jedes Schießen auf einen Menschen mit einer scharfen Waffe dessen Tod nahelegt. Die Rechtsprechung argumentiert aber auch dann nicht anders, wenn der Täter in die Decke eines Raumes feuert, also demonstrativ nicht auf Menschen zielt, und dabei ein Mensch durch einen Querschläger zu Schaden kommt. Obwohl man anhand der Schussrichtung auch davon ausgehen könnte, dass der Täter niemanden töten will, wird dennoch ein vorsätzliches Tötungsdelikt angenommen. Der Täter hätte laut den Gerichten wissen müssen, dass auch solche Schüsse gefährlich sind, weil in Räumlichkeiten ungezielt abgegebene Schüsse als Querschläger großen Schaden anrichten können.

Es gibt noch weitere Beispiele für diese Form der Küchenpsychologie in der Rechtsprechung. Diese kommt auch dann zur Anwendung, wenn jemand aus Habgier tötet, um zum Beispiel an ein Erbe zu kommen. In diesem Fall wird der Täter des Mordes angeklagt, da die Gerichte ein übersteigertes Gewinnstreben als besonders verwerflich einstufen. Wer einen anderen tötet, um ihm zehn Euro abzunehmen, handelt den Gerichten zufolge ebenfalls besonders verwerflich, weil er für so wenig Geld ein Menschenleben opfert. Wer das Gleiche begeht, wenn und weil mindestens 100 000 Euro dabei herausspringen, erregt den Zorn der Praxis wegen der hemmungslosen Sucht nach so viel Geld. Egal wie viel der Täter also letztlich erbeutet, im Ergebnis wird er immer wegen Mordes verurteilt. Wenn aber das Mordmerkmal der »Habgier« eigentlich ein Ausnahmemerkmal für besonders niederträchtige Tötungen sein soll, stellt sich bei der schematischen Einordnung der Rechtsprechung schon irgendwie die Frage, bei welcher Summe ausnahmsweise kein Mord vorliegen könnte?

Was ich damit sagen will: Es ist eine regelrechte Lirum-Larum-Löffelstiel-Rechtsprechung, die da zur Anwendung kommt, wenn einem Täter von den Gerichten aufgrund »allgemeingültiger« Erkenntnisse (wenn man eine Waffe abfeuert, kann jemand zu Schaden kommen) unterstellt wird, dass er bei seinem Handeln genau von diesen Erkenntnissen wusste, aber dennoch gehandelt hat und sich deshalb mit den Konsequenzen abgefunden haben muss – sprich vorsätzlich gehandelt hat. Das, was subjektiv in einem Menschen vorgegangen ist, wird durch einen offenen Katalog von Indikatoren ersetzt, die im Einzelfall mal für und (in ganz seltenen Fällen) mal gegen den Vorsatz sprechen. Wie praktisch.

Unsere beiden Sextäter dürften demnach vor Gericht schlechte Karten haben.

Schließlich weiß jedes Kind, dass das Hantieren mit einer echten Waffe gefährlich ist. Und zumindest Erwachsene wissen, dass eine dreißig mal acht Zentimeter lange Gurke, die man tief in den Hals eines Menschen schiebt, auch nicht sonderlich gesund sein kann. Es müsste also ein Leichtes sein, die beiden Täter wegen (bedingt) vorsätzlichen Mordes oder wegen (bedingt) vorsätzlichen Totschlags für ihre Taten zu verurteilen und lange Zeit hinter Gitter zu bringen.

Schließlich liegt es nach der höchstrichterlichen Rechtsprechung bei gefährlichen Gewalthandlungen nahe, dass der Täter mit der Möglichkeit des Todes des Opfers rechnet. Und weil er im Bewusstsein dieser Gefahr dennoch handelt, nimmt er den Tod des Opfers in Kauf, weshalb ein Vorsatz vorliegt. So einfach ist das.

Aber jetzt kommt's: Die Annahme eines Tötungsvorsatzes wird immer dann hinfällig, wenn es um Sex geht. Angesichts des gesteigerten Lustempfindens und der eingeschränkten kognitiven Wahrnehmungsfähigkeit im Verlauf des Liebesspiels muss in Betracht gezogen werden, dass der Täter die Gefahr der Tötung nicht erkennt – so zumindest die Rechtsauffassung unseres obersten Strafgerichts. Mit anderen Worten: Handeln zwei Menschen zu beiderseitigem Vergnügen und stirbt dabei einer, wird dem Überlebenden nichts Böses unterstellt, weil das »Unglück« schließlich bei einer »schönen« Unternehmung passierte!

Es verhält sich dabei ähnlich wie mit dem Ferrari eines Fahrers, der bewusst gegen die erlaubte Höchstgeschwindigkeit verstößt und mit 150 Sachen durch die Straßen brettert. Wenn er dabei einen tödlichen Unfall baut, wird man auch ihm das Wissen um die Gefahr seiner Raserei unterstellen können. Aber weil ein Ferrarifahrer stets um das Wohlergehen seines teuren roten Flitzers bedacht ist, unterstellt man ihm nicht, dass es ihm egal ist, damit zu verunfallen. Schließlich will er ja sein »Baby« nicht kaputt machen.

In der Logik der hohen Richter gesprochen: Ein Sexualpartner will bestimmt nicht sein Sexspielzeug, in unserem Fall seinen Geschlechtspartner, »kaputt machen«.

Unsere Russin hatte also Glück: Zwar handelt jemand, der mit einem Revolver auf Menschen zielt, laut juristischem Kriterienkatalog vorsätzlich, aber eben nicht im ekstatischen Gemenge von Lust und Leidenschaft.

Bei Sex hört der Spaß bei den Richtern anscheinend nicht auf, hier fängt er erst richtig an. Wobei nicht sicher feststellbar ist, ob das an den eigenen sexuellen Erlebnissen oder eher an der mangelnden Lebenserfahrung in sexuellen Belangen der Richter liegt. Für Letzteres spricht, dass in der Juristenausbildung alles, was im Entferntesten sexuell konnotiert ist, kategorisch gemieden und auch nicht abgeprüft wird. So etwas kann man seriösen Juristen ja auch kaum zumuten. Mit Sex befassen sich Richter jedenfalls nur sehr ungern, erst recht mit Sexualpraktiken jenseits ihrer eigenen Normen. Vermutlich gibt es deshalb für Tötungsdelikte mit einem sexuellen Hintergrund auch keinen Katalog mit Indikatoren, in dem der Richter kurz nachschlagen könnte, welche Gedanken ein Täter bei diversen Sexualpraktiken zwangsläufig gehabt haben muss.

Dementsprechend steht auch in juristischen Fachbüchern nicht, ob jemand, der eine überdimensionierte Gurke beim Oralsex verwendet, wissen kann, dass dieses Handeln potenziell lebensbedrohlich ist. Es darf also vermutet werden, dass der Nutzer der Gurke darauf vertraut hat, dass schon alles gut gehen würde, während er in aller Seelenruhe in der Küche seine Extraportion Würstchen verspeiste.

Es mag deshalb auch nicht weiter überraschen, dass unser Gurkenmann vom Verdacht der vorsätzlichen Tötung freigesprochen wurde. Der Richter schloss den bedingten Vorsatz aus. Warum? Weil der Angeklagte in der bezeichneten Situation einer nervlichen Überforderung und unkontrollierten Gefühlsausbrüchen ausgeliefert war. Dies könne dazu geführt haben, dass er die Gefahrensituation nicht realistisch einschätzen konnte. Zudem haben die emotionale Nähe zwischen Täter und Opfer und die Dynamik des Geschehens eine »schonende Dosierung« des »Angriffsmittels Gurke« nicht zugelassen. Auch das Verhalten des Mannes nach der Tat – das Alarmieren der Rettungskräfte und die wiederholten Selbstvorwürfe – deuteten aus Sicht der Richter nicht auf einen Tötungsvorsatz hin.

Sie sehen, die Richter gehen recht freimütig davon aus, dass Menschen bei der schönsten Sache der Welt darauf vertrauen, dass schon alles gut gehen wird – schließlich soll es nicht der letzte Sex sein. Offenbar gilt diese Argumentation als schlagend, und das, obwohl es in keinem anderen Fall wohl so schwierig ist, die innere Haltung eines Täters herauszuarbeiten wie beim Sex. Und wer würde sich schon angesichts der Vielfalt mehr oder weniger gelebter Sexualpraktiken anmaßen, auf die innere Haltung eines Menschen zu schließen?

Aber selbst wenn ein Täter oder eine Täterin die vorsätzliche Tötung in einem Fall mit sexuellem Hintergrund gesteht, fällt es den Gerichten dennoch schwer, die sonst oftmals bedenkenlos unterstellten Mordmerkmale einfach anzunehmen. In einem aufsehenerregenden Fall lag das Opfer beispielsweise auf dem Bett, hatte sich fesseln lassen und in Erwartung eines Sexspiels eine abgeklebte Taucherbrille aufgesetzt, wurde dann aber von seiner Partnerin wider Erwarten mit einer Kreissäge enthauptet. Das Gericht verurteilte sie dennoch lediglich wegen Totschlags zu ein paar Jahren, anstatt zu lebenslänglich wegen Mordes.

Am Ende dieses Kapitels steht jedenfalls die Erkenntnis: Sex ist nicht nur die schönste, sondern womöglich auch die gefährlichste Sache der Welt…

UNTER DEN WOLKEN

Kein Schrei, keine Vorwarnung. Es hatte nur diesen einen lauten Knall gegeben. Aufgeschreckt sah Marion aus dem Fenster zur Auffahrt ihrer Garage. Ihr Mann, der eben noch sein nagelneues Cabrio aufpoliert und für den ersten Sommerausflug vorbereitet hatte, war nicht mehr zu sehen. Sehr deutlich sah sie hingegen, dass mehrere Menschen auf ihre Auffahrt zueilten.

Marion wusste sofort, dass etwas passiert sein musste. Aber als sie es schließlich sah, war der Anblick so fürchterlich, dass sie unvermittelt zu Boden sackte. Auch für die herbeigeeilten Nachbarn war der Anblick nur schwer zu ertragen. Marions Ehemann lag am Boden, von seinem Schädel war außer einzelnen Haarbüscheln, ein paar größeren und kleineren Stücken menschlichen Gehirns, Knochensplittern und sehr viel Blut nichts mehr geblieben. Nur in der Hand hielt er noch den Schwamm, mit dem er vor wenigen Sekunden das Auto poliert hatte.

Um den Leichnam verteilt lagen zahlreiche Einzelteile irgendeines Elektrogerätes, ein blutverschmiertes Gemisch aus Platinen, Plastikteilen, Batterien und Drähten. Manche der Umstehenden mutmaßten, dass irgendein Werkzeug explodiert sein musste, wieder andere glaubten an einen Kurzschluss der Fahrzeugelektrik. Doch die herbeigerufenen Einsatzkräfte erkannten schnell, dass es sich weder um das eine noch das andere handelte. Aus den umherliegenden Teilen – Propellern, Servos und einem großen Akkupack – schlossen sie recht schnell auf ein Modellflugzeug. Beim Anblick des Opfers gefror selbst den hartgesottenen Helfern das Blut in den Adern – trotz der sonnigen 32 Grad an diesem herrlichen Nachmittag.

Die Polizei ging von einem tragischen Unfall aus. Die Fahndung nach dem Unfallverursacher, dem Piloten des Fluggerätes, blieb allerdings ergebnislos. Die Kriminaltechniker würden später auch erklären, warum: Bei dem Fluggerät handelte es sich um eine sogenannte Drohne, genauer gesagt um einen ferngesteuerten Multikopter, der mit einem kamerabasierten GPS-System und einer geschätzten Reichweite von einigen Kilometern ausgestattet war. Der Pilot hätte sich also in einem Umkreis von mehreren Quadratkilometern aufhalten können, immer vorausgesetzt, dass das abgestürzte Fluggerät zum Zeitpunkt des Unfalls überhaupt noch unter menschlicher Kontrolle war. Auch das war keineswegs gesichert: Berichten zufolge kommt es immer wieder vor, dass sich GPS-gesteuerte Drohnen verselbstständigen und führerlos unterwegs sind. Gründe dafür können Batterieschwäche, Interferenzen oder andere Funkstörungen sein. So wurde erst jüngst der öffentliche Aushang eines Berliners publik, in welchem er um Mithilfe bei der Suche nach seiner ferngesteuerten Drohne bat. Wörtlich hieß es dort: »Gestern Abend gegen 17 Uhr hat sich meine Drohne PHANTOM 3 verselbstständigt und ist davongeflogen. Die Flugweite ohne Fernsteuerung kann ich leider nicht einschätzen, da dies eigentlich nicht passieren dürfte.« Wer die Drohne gesehen hatte, sollte sich unter der angegebenen Telefonnummer melden.

Im Fall von Marions Mann meldete sich der Pilot nicht. Entsprechend nahm die Staatsanwaltschaft umgehend Ermittlungen wegen fahrlässiger Tötung auf. Schließlich sprach einiges dafür, dass ein Modellsport- oder Hobbyflieger unter Verletzung seiner Sorgfaltspflichten für den tragischen Tod des Familienvaters verantwortlich war. Spätestens nach dem Gutachten der Bundesstelle für Flugunfalluntersuchung (BFU) stand auch fest, dass der Pilot des unbemannten Fluggeräts gegen geltendes Recht verstoßen und damit auch vermutlich in strafrechtlich relevanter Weise gehandelt hatte. Denn bei der Drohne handelte es sich um einen koreanischen Multikopter, der in Deutschland aufgrund seines hohen Gewichts und insbesondere seiner Höchstgeschwindigkeit von bis zu zweihundert Stundenkilometern nicht zugelassen ist und deshalb gar nicht erst in Betrieb hätte genommen werden dürfen.

Angesichts der technischen Daten des Fluggeräts war auch klar, warum der Unfall mit dem Multikopter gar nicht anders als tödlich hätte enden können. Denn wenn ein Objekt von gut zwanzig Kilogramm Eigengewicht mit einer Beschleunigung von bis zu zweihundert Stundenkilometern ungebremst in den Kopf eines Menschen steuert, bleibt von keinem von beiden sonderlich viel übrig. So grausam sind Naturgesetze.

Natürlich musste man den Verantwortlichen zur Rechenschaft ziehen. Genau das war aber das Problem. Zwar konnten die Experten anhand der sichergestellten Überreste der Drohne den Hersteller und Typ in Erfahrung bringen, doch wo und wann das Ding gekauft worden war, konnten sie nicht herausfinden. Auch war die Drohne nirgends registriert. Ein öffentlicher Aufruf der Polizei verlief im Sande. Offenbar gab es keine Augenzeugen, die im Umkreis irgendjemanden mit einer Fernsteuerung gesehen hatten. Es wurde sogar ein Bild des Drohnenmodells in der örtlichen Zeitung veröffentlicht – ohne Erfolg. Es gingen keinerlei sachdienliche Hinweise bei der Polizei ein.

So zogen Wochen und bald Monate ins Land ohne jedwedes tragfähige Ermittlungsergebnis. Und knapp ein Jahr nach dem tragischen Tod von Marions Ehemann stellte die Staatsanwaltschaft das Verfahren ein: Ein Tatverdächtiger sei nicht zu ermitteln, lautete die Begründung in dem formlos zugestellten Beschluss.

Nachvollziehbar, denn auch wenn ein Mensch fremdverschuldet zu Tode gekommen war, aus Sicht der Ermittlungsbehörden war es ein tragischer Unfall, kein Kapitaldelikt. Sofern man dem Piloten einen Vorwurf machen konnte, dann allenfalls sorgfaltswidrig gehandelt zu haben, vielleicht oder gerade auch aufgrund des Verstoßes gegen die deutschen Fluggesetze. Eine exorbitant hohe Straferwartung zieht aber eine fahrlässige Tötung in der Regel nicht nach sich – je nach Grad der Pflichtwidrigkeit eine höhere Geld- oder allenfalls eine kleinere Bewährungsstrafe. Denn obwohl die Maximalstrafe für eine fahrlässige Tötung nach deutschem Recht sogar bis zu fünf Jahre betragen kann, schöpfen die Gerichte diesen Strafrahmen nur selten aus. Schließlich ist ein Unfall per Definition ein plötzliches, unerwartetes Ereignis, das in einem tragischen Versehen oder der schlichten Außerachtlassung von Sorgfaltspflichten begründet liegt. Ein Unfall kann schlicht jedem einmal passieren. Wer ist schon perfekt? Deshalb zeigen sich Gerichte und Staatsanwaltschaften einigermaßen nachsichtig bei der Ahndung fahrlässiger Delikte. Ohnehin stehen diese nur in wenigen Fällen unter Strafe, und meist auch nur dann, wenn es um gravierende Nachteile für andere Menschen geht. Wer aus purem Leichtsinn, aus Sorglosigkeit oder Unaufmerksamkeit einen anderen Menschen verletzt oder gar tötet, der ist auch meist so schon genug gestraft. Schließlich muss er mit der auf sich geladenen Schuld leben. Gleichwohl soll dem Täter seine Nachlässigkeit aber auch durch eine strafrechtliche Sanktion vor Augen geführt werden. Immerhin soll der Täter für die Zukunft angehalten sein, besser aufzupassen. Und auch andere Menschen sollen hierdurch abgeschreckt werden, im Umgang mit gefährlichen Dingen sorgsam zu sein. Dennoch bleibt es bei einer Strafe meist unterhalb von neunzig Tagessätzen Geldstrafe. Alles, was darüber liegt, führt unweigerlich zu einem Eintrag in das polizeiliche Führungszeugnis, womit man gemeinhin als vorbestraft gilt. Und Letzteres würde mit Blick auf Beruf und weitere Zukunft schon ein starker Einschnitt für eine Unachtsamkeit sein, die man ja nicht absichtlich herbeigeführt hat.

Trotz dieser Überlegungen war die Staatsanwaltschaft in dem Fall mit der Drohne den wenigen erfolgversprechenden Ermittlungsansätzen dennoch mit einem verhältnismäßig hohen Aufwand nachgegangen. Die Überreste des Fluggerätes wurden auf Fingerabdrücke und DNA untersucht, man konnte aber keine solchen Spuren finden. Die öffentlichen Aufrufe zu sachdienlichen Hinweisen aus der Bevölkerung blieben erfolglos. Und sogar die aufwendige Recherche des Handelswegs vom Hersteller bis zum Endkunden, um so dem möglichen Täter auf die Spur zu kommen, hatte nichts ergeben. Zwar ließ sich anhand des Modells und der Seriennummer ermitteln, dass der Multikopter in Korea produziert worden war, aber bereits beim ersten Zwischenhändler, der eine ganze Charge der Flugobjekte nach Russland verkauft hatte, verlor sich jede Spur.

Für Marion dagegen war die Entscheidung der Staatsanwaltschaft, das Verfahren zu den Akten zu legen, ganz und gar nicht nachvollziehbar, schließlich war ihr Mann tot und der dafür Verantwortliche ungestraft. Und anders als der Staatsanwalt ging Marion auch nicht von einem Unfall aus. Sie war überzeugt, dass ihr Mann ermordet worden war.

Natürlich hatte sie dies auch dem ermittelnden Staatsanwalt gesagt – und das nicht nur einmal. Doch der hielt Marions Behauptung für eine psychisch bedingte irrationale Gedankenkonstruktion, zumal ihm ein solches Verhalten von Verbliebenen, denen auf solch abrupte, unerklärliche Weise ein geliebter Angehöriger entrissen wurde, nicht fremd war. Denn wenn es für den Tod eines nahen Angehörigen keine Erklärung gibt, fällt es den Menschen besonders schwer, diesen Schlag zu verarbeiten. Warum hatte das Schicksal ausgerechnet Marions Mann und nicht den Nachbarn aus dem Leben gerissen? Warum musste das Fluggerät ausgerechnet über ihrem Grundstück abstürzen? Menschen brauchen Erklärungen und nicht selten einen Schuldigen, um einen tragischen Verlust besser verarbeiten zu können.

Laut Marion waren es hingegen die russische Mafia oder gar russische Geheimdienstmitarbeiter, die für den Tod ihres Mannes verantwortlich waren. Davon war sie fest überzeugt. Seit sie nämlich erfahren hatte, dass sich die Spur der Ermittlungsbehörden ausgerechnet in Russland verlor, war sie von dieser Theorie nicht mehr abzubringen. Dazu muss man wissen, dass Marions Ehemann deutschrussischer Herkunft war und hin und wieder für die russische Botschaft gearbeitet hatte – wie er ihr erzählte, als Übersetzer. Für Marion ergab plötzlich alles einen Sinn: Brachte ihr Ehemann in letzter Zeit doch sehr viel mehr Geld mit nach Hause als noch kurz zuvor. Außerdem hatte er sich immer nur sehr zurückhaltend darüber geäußert, woher das viele Geld stammte. Der teure Sportwagen, der Brillantring zum Hochzeitstag, der teure Urlaub auf den Malediven – seine Dienste seien derzeit eben gefragt, lautete seine Erklärung.

Natürlich beherrschte ihr Mann als Deutschrusse beide Sprachen perfekt, aber dass er ausgerechnet als gelernter IT-Spezialist eine Tätigkeit als Übersetzer ausgeübt haben soll, machte Marion jetzt, nach seinem tragischen Tod, ziemlich stutzig. Marions zwingender Schluss war also, dass ihr Mann in dunkle Machenschaften verwickelt gewesen sein musste, weshalb sie den Staatsanwalt über ihren

Anwalt auffordern ließ, die Ermittlungen wegen Mordverdachts zu führen.

Aber ganz unabhängig von Marions wilden Theorien, hätte das wirklich etwas am Ermittlungsergebnis geändert? Klar betreiben die Strafverfolgungsbehörden bei schweren vorsätzlichen Verbrechen einen deutlich höheren Ermittlungsaufwand als bei Fahrlässigkeitsdelikten, erst recht bei Kapitaldelikten wie Mord und Totschlag. Schließlich lässt es sich weniger gut damit leben, wenn ein Mörder frei herumläuft als jemand, der aus Versehen einen anderen getötet hat. Ehrlicherweise wären die Ermittlungen im Drohnenfall aber selbst bei erhöhtem Ermittlungsaufwand sehr wahrscheinlich zum Erliegen gekommen. Ohne jegliche Spur zum Piloten der Drohne hätten die Behörden weiterhin niemanden zur Verantwortung ziehen können. Denn es heißt nicht nur: »Wo kein Kläger, da kein Richter«, sondern auch: »Wo kein Verdächtiger, da keine Anklage.«

Und trotzdem war der Staatsanwalt Marions Hinweisen auf die russische Botschaft sogar nachgegangen – trotz seiner Skepsis und obwohl weitere Ermittlungen ergeben hatten, dass Grauimporte von Drohnen des besagten Typs oftmals über ausländische Internethändler von deutschen Modellfliegern, Flugbegeisterten und Hobbyfliegern erworben werden, sei es auch nur, um ein solches Teil sein Eigen zu nennen und in einer Glasvitrine zur Schau zu stellen. Die Spur musste also mitnichten nur nach Russland führen.

Zugegeben – die Bemühungen des Staatsanwaltes dienten wohl mehr dem Zweck, Marion zu beruhigen und sie von den täglichen Anrufen bei ihm im Büro abzubringen.

Seine Anfrage bei der russischen Botschaft, ob diese sachdienliche Hinweise zum Tod ihres Mitarbeiters und nähere Angaben zu seiner genauen Tätigkeit machen könnte, verlief aber erwartungsgemäß im Sande. Die Antwort, Marions Mann sei in den vergangenen acht Monaten für die russische Botschaft als Übersetzer im Fachbereich IT tätig gewesen und habe bei der Umstellung der Computersysteme geholfen, schien ja auch durchweg plausibel, wenn auch wenig erkenntnisfördernd. Die Tatsache, dass in der IT-Branche, noch dazu in einem solch sicherheitsrelevanten Bereich wie in einer Botschaft, viel Geld zu verdienen war, erklärte auch die hohen Einnahmen von Marions Ehemann.

Marion hingegen war über die Leichtgläubigkeit der deutschen Behörden entsetzt. Dass die Russen einen Auftragsmord nicht zugeben würden, war doch sonnenklar, die Einlassung der russischen Botschaft für sie nur Schall und Rauch. Ihr Mann musste irgendetwas gewusst oder an irgendetwas gearbeitet haben, das ihn schlussendlich das Leben kostete. Vielleicht hatte er im Rahmen seiner Tätigkeit vertrauliche Informationen in der russischen Botschaft entdeckt oder – schlimmer noch – weitergegeben, vielleicht sogar verkauft? Stammte daher das viele Geld?

Die Auffassung des Staatsanwaltes, dass Marions Ehemann ja nicht nur entsprechende Fach- und Sprachkenntnisse, sondern auch Loyalität und Verschwiegenheit abverlangt wurden und man sich das gerne auch etwas kosten lasse, überzeugte sie nicht.

Marion hielt das für Humbug. Sie war der festen Überzeugung, dass ihr Mann in Wahrheit in der russischen Botschaft in geheimer Mission gearbeitet hatte und dafür mit dem Leben hatte bezahlen müssen. Sie sammelte allerhand »Beweise«, die ihre Theorie belegen sollten. Es ergab für sie einfach keinen Sinn, dass ihr Mann in letzter Zeit des Öfteren auch nachts zur russischen Botschaft gefahren war, um Übersetzungsarbeit zu leisten. IT-Probleme konnten doch kaum so dringend sein, dass man nicht bis zum nächsten Tag mit deren Behebung warten konnte. Und dass ihr Mann in letzter Zeit immer dann das Zimmer verlassen hatte, wenn er einen russischsprachigen Anruf erhielt, kam ihr jetzt auch sehr spanisch vor, zumal sie selbst nicht einmal Russisch sprach. Und bei allem Respekt für die Arbeit ihres Mannes, die Dienste eines IT-Spezialisten brächten wohl kaum so viel Geld ein, dass er sich plötzlich in nur einem Monat mehr hatte leisten können als vormals in einem ganzen Jahr.

Doch alle diese Überlegungen waren irrelevant, denn – wie gesagt – weder der Lenker der Drohne noch deren Ursprung konnten ermittelt werden. Dem Staatsanwalt blieb nichts anderes übrig, als das Verfahren gegen unbekannt einzustellen und die Akte wegzulegen.

Was aber, wenn Marion mit ihrer Verschwörungstheorie recht hätte? Dann wäre ihr Mann Opfer eines perfekten Mordes geworden. Kein Tatverdächtiger, keine Anklage.

Und die Staatsanwaltschaft ermittelte ja noch nicht einmal wegen Mordes, sondern nur wegen eines Unfalls. Man könnte sagen, doppelt perfekt.

Dass Geheimdienste im Dienste des Staates unliebsame Menschen umbringen lassen, soll ja hin und wieder vorkommen, bei der Mafia ja sowieso.

Eines der schillerndsten Beispiele für staatliche Auftragsmorde auf deutschem Boden ist der Fall des russischen KGB-Agenten Staschinski. Dieser war zu Zeiten des Kalten Kriegs von der Führungsspitze der Sowjetunion damit betraut worden, störende Exilpolitiker und führende Mitglieder der Organisation Ukrainischer Nationalisten zu liquidieren. Nach Berlin beordert, sprühte er seinen Opfern mit einem pistolenähnlichen Gegenstand Blausäuregas ins Gesicht, was zu einem unmittelbaren Tod durch Herzstillstand führte. Seine Taten kamen erst ans Licht, als Staschinski am Tag des Baus der Berliner Mauer mit seiner Ehefrau nach Westberlin floh und sich den deutschen Behörden als Kronzeuge offenbarte.

Und nicht nur in längst vergangenen Zeiten politischer Kälte, sondern auch im 21. Jahrhundert gehören Auftragsmorde offenbar weiterhin zum Tagesgeschäft der Geheimdienste. Denken Sie nur an den Fall des russischen Exagenten und Kreml-Kritikers Alexander Litwinenko. Dieser war zum britischen Geheimdienst übergelaufen und bezahlte diesen Verrat mit dem Leben. Am 23. November 2006 verstarb er an einer Vergiftung durch Polonium-210 – ein radioaktives Element, das in der Dosis von einem Millionstel Gramm (etwa die Größe eines Staubkorns) zu einem qualvollen Tod mit Blutungen aus Nase, Mund und Rektum führt. Und obwohl der Täter nie gefasst worden ist, steht doch fest, wer für den Mord verantwortlich ist. Denn weil Polonium-210 nur mithilfe eines Nuklearreaktors gewonnen werden kann, kommt am Ende nur ein Staat als Auftraggeber infrage: Russland. Obwohl Auftraggeber und Mörder also bekannt sind, gab es nie eine Verurteilung – wer will sich schon mit Russland anlegen. Ein perfekter Mord also.

Dass Geheimdienste im Auftrag des Staates morden, ist also nicht von der Hand zu weisen, zumal sie es nicht selten ganz offen tun – zumindest dann, wenn die Operation im Namen der »Freiheit« durchgeführt wird und die Zielperson beispielsweise Osama bin Laden heißt. Zwischen 2010 und 2012 liquidierten allein amerikanische und israelische Geheimdienste im Kampf gegen den Terror mehr als zweitausend Menschen. Allein durch amerikanische Drohnen kamen seit 2008 schätzungsweise mehr als 4000 Menschen ums Leben. Das sind in etwa so viele Opfer, wie die Anschläge islamistischer Terroristen vor dem und am 11. September 2001 gefordert haben. Gut ist schließlich, was der Sicherheit des Landes dient oder zu dienen scheint. Und wenn diese bestechende Argumentation einmal nicht so gut funktioniert, dann lässt man die staatlich initiierten Morde halt einfach möglichst unentdeckt durchführen – also quasi perfekt. Schließlich will man Konflikte mit befreundeten ausländischen Staaten vermeiden, die das staatliche Töten womöglich schon aus so banalen Gründen wie Rechtsstaatlichkeit oder Menschenwürde nicht so toll fänden. Wer will schon unnötige politische »Diskurse« führen.

Gleichwohl scheinen außergerichtliche Hinrichtungen von sogenannten Staatsfeinden in Ländern wie den Vereinigten Staaten, Israel oder Russland eine gewisse Tradition zu haben. Bereits im Jahre 1953 verfasste ein CIA-Spezialist einen maschinengeschriebenen Ratgeber für Exekutionen, bei dem er zunächst politisch motivierte Morde unter die Lupe nahm, um daraus einen Leitfaden für möglichst perfekte Mordanschläge auszuarbeiten.

Ob nun an Marions These etwas dran ist, wird sich vermutlich nicht mehr aufklären lassen. Ob von der Mafia oder doch staatlich initiiert, dieser Mord kann ohne ein Geständnis des Täters niemals aufgeklärt werden. Und alles, was man dafür tun muss, ist, eine handelsübliche Drohne in den Kopf des gewünschten Opfers zu fliegen. Und das Perfideste daran: Selbst wenn man den Piloten ermitteln würde, käme er vermutlich trotzdem verhältnismäßig günstig davon. Denn solange man dem Täter kein Motiv nachweisen könnte (und er, wie gesagt, auch nicht gesteht), müsste die Staatsanwaltschaft weiterhin von einem tragischen Unfall ausgehen. Der Pilot könnte beispielsweise angeben, ihm sei ein unverzeihlicher Flugfehler unterlaufen oder es sei ein technisches Problem aufgetreten. Oder – wie im Fall des unglücklichen Berliners – die Drohne sei ihm schlicht entflogen. Mit an Sicherheit grenzender Wahrscheinlichkeit käme der Täter wegen fahrlässiger Tötung mit einer maßvollen Geld- oder Bewährungsstrafe davon.

Selbst wenn er ein Fluggerät genutzt hätte, das in Deutschland nicht zugelassen ist, könnte man ihm allenfalls eine besonders grobe Fahrlässigkeit unterstellen und ihn so zu einer entsprechend empfindlicheren Geld- oder hohen Bewährungsstrafe verurteilen. Den Nachweis einer vorsätzlichen Tötung würde man schlicht nicht erbringen können.

Wir können also festhalten, dass Drohnen, diese kleinen, meist mit vier oder sechs Rotoren ausgerüsteten Fluggeräte, nicht nur ein hoch angesagtes Spielzeug für Jung und Alt, sondern auch das perfekte Mordwerkzeug sind. Denn dank integrierter Kamera und GPS-Navigation sind sie die fliegenden Augen des Piloten, der das Geschehen aus der Ferne verfolgen kann. Längst gibt es sogar VR-Brillen, mit denen der Drohnenpilot in die Perspektive der Drohne eintaucht, sowie GPS-gesteuerte Systeme, deren Reichweite sich über viele Kilometer erstreckt. Der Lenker des agilen Fluggerätes kann damit völlig unabhängig vom Tatort agieren. Heute sind Drohnen kinderleicht zu steuern, und die Anschaffung ist unproblematisch. Es handelt sich schließlich um ein Spielzeug.

Nach deutscher Rechtslage ist der Betrieb solcher Drohnen zwar ohne eine Genehmigung nur legal, wenn das Gerät weniger als fünf Kilogramm wiegt, unter hundert Metern Höhe bleibt und der Drohnenpilot sein Fluggerät immer im Auge behält – Kamerabild oder VR-Brille gelten nicht als ausreichende Sicht. Aber auch ein solches Gerät reicht durchaus aus, um bereits tödliche Verletzungen hervorzurufen. Und obwohl die Drohne, durch die Marions Mann tödlich verletzt wurde, keine dieser Vorschriften erfüllte und der Betrieb des Fluggeräts damit höchst illegal war, ist es trotzdem denkbar simpel, auch eine Drohne wie den koreanischen 20-Kilo-Bomber zu erwerben. Denn es bedarf dafür keines Flugscheins oder behördlichen Nachweises, wie man beispielsweise auch keinen Führerschein vorlegen muss, um sich einen Lkw zu kaufen.

Und ebenso wie man sich ohne Führerschein ans Steuer setzen kann, so hindert eine fehlende Fluggenehmigung erst mal auch niemanden am Fliegen. Ein Lkw muss wenigstens noch eine Fahrgestellnummer und Nummernschilder tragen und kann dem Halter und damit nicht selten auch dem Fahrzeugführer zugeordnet werden. Das wird einen Selbstmordattentäter, der das Gefährt mit oder ohne Führerschein in eine Menschenmenge steuert, nicht abschrecken, aber wenigstens kann die Polizei dadurch den Halter und so womöglich auch einen flüchtigen Fahrzeugführer oder etwaige Hintermänner ermitteln. Bei Drohnen dagegen gibt es keine solche Registrierungspflicht – zumindest nicht, solange sie unter fünfundzwanzig Kilogramm wiegen. Und selbst das wird einem ausländischen Hersteller, der seine Drohnen im Internet anbietet, herzlich egal sein.

Während man Schusswaffen nur mit einer behördlichen Erlaubnis erwerben kann und sie registrieren muss, ist dies weder bei Kraftfahrzeugen noch bei ferngesteuerten Fluggeräten nötig. Kaufen können Sie da alles.

Daher ist es auch nicht sonderlich neu, dass Kriminelle die leicht erhältlichen Fluggeräte schon längst für sich entdeckt haben: So nutzen mexikanische Drogenkartelle Drohnen, um ihre Ware über die Grenze in die USA zu transportieren. Die US-Drogenbehörde DEA registrierte allein im Jahr 2012 etwa 150 solcher illegalen Flüge. Auch wurden Drohnen bereits zur illegalen Versorgung von Häftlingen eingesetzt. Erst jüngst blieb ein ferngesteuertes Fluggerät in der Stacheldraht-Krone eines Gefängnisses in Großbritannien hängen. Offenbar hatte sich der Drohnenpilot in der Höhe verschätzt. Als die Wachleute die immerhin rund 1000 Euro teure Drohne vom Typ Phantom 2 bargen, stießen sie darin auf Drogen, ein Messer, einen Schraubenzieher und Handys. Und das ist kein Einzelfall: Auch in Deutschland rüsten Gefängnisse bereits gegen solche fliegenden Kuriere auf. Kürzlich scheiterte einer dieser Versorgungsflüge nur knapp. Ehe der Insasse die Lieferung annehmen konnte, stürzte die Drohne ab. Sie hatte Marihuana, ein Smartphone und einen USB-Stick voller Pornofilme geladen.

Doch damit nicht genug: Auf YouTube kann man sich einen Clip ansehen, der einen mit einer Pistole ausgerüsteten Quadrocopter zeigt. Mehrfach feuert die ferngesteuerte Drohne die scharfe Waffe ab und gleicht den Rückstoß durch ein entsprechendes Flugmanöver aus. Konstruiert hat die selbst gebastelte Kampfdrohne ein 18-jähriger Collegestudent aus Connecticut. Über eine Art Fernauslöser konnte er den Abzug betätigen – die perfekte Waffe. Der Clip wurde bereits 2,5 Millionen Mal angeklickt.

Kaum zu erfassen sind – last but not least – die zahlreichen Spanner, die mithilfe von Drohnen über jeden Garten oder zu jedem Fenster fliegen können, um einen ungehemmten Blick auf das Privatleben ihrer Mitmenschen zu erhaschen.

Die Findigkeit des kriminellen Geistes kennt also keine Grenzen, erst recht nicht bei staatlichen Organen, die sich auch hin und wieder in Sachen Mord betätigen. Ob CIA, FSB, MI6, Mossad und wie sie alle heißen, gerade die Geheimdienste, vielleicht mit Ausnahme des biederen BND, lassen es sich nicht nehmen, ihre diesbezüglichen Künste und Fähigkeiten unter Beweis zu stellen und müssen dabei nicht mal sonderlich harte Strafen fürchten.

Denn selbst wenn einer der staatlich veranlassten Morde einmal auffliegt, zeigt sich die Welt recht kulant. Staatlich beauftragte Killer werden erstaunlich milde bestraft, wenn sie erwischt werden. Jüngstes Beispiel ist der Mord an dem radikalislamischen Hamas-Mitglied Mahmud al-Mabhuh, den Mitarbeiter des israelischen Geheimdienstes töteten. Zunächst als natürlicher Tod deklariert, fand man bei einer erneuten Untersuchung Strommarken an der Leiche. Das Opfer war in seinem Hotelzimmer durch einen Elektroschock betäubt und danach wohl mit einem Kissen erstickt worden. Großbritannien und Australien verwiesen daraufhin je einen israelischen Diplomaten des Landes und Deutschland verlangte von der israelischen Regierung Auskunft über den Mordfall, insbesondere im Hinblick auf den Einsatz gefälschter Pässe. Aufklärung oder gar strafrechtliche Verfolgung sieht anders aus.

Und was Herrn Staschinski angeht, dem erging es auch nicht sonderlich schlecht. Wegen seines Geständnisses baute man dem KGB-Überläufer offenbar aus politischen Gründen eine goldene Brücke, welche so im Gesetz eigentlich nicht vorgesehen war.

Um ihm eine lebenslange Freiheitsstrafe zu ersparen, wendeten die deutschen Gerichte einen Kunstgriff an: Staschinski wurde von der Justiz zu einem reinen Gehilfen erklärt. Er habe in Wirklichkeit nur dem eigentlichen Täter – dem in Moskau verbliebenen Chef des KGB – Beihilfe geleistet, obwohl er die Morde eigenhändig in Deutschland ausgeführt hatte. So kam er in den Genuss einer beachtlichen Strafmilderung und zog kurze Zeit später unter neuer Identität nach Amerika.

Ob nun Unfall oder Absicht, in unserem Drohnenfall bleibt die Erkenntnis: Ferngesteuerte Fluggeräte sind billige Mordwerkzeuge, kinderleicht zu bedienen und dank der deutschen Rechtslage für jedermann jederzeit und ohne jedwede Registrierung erhältlich, nicht nur für staatliche Auftragskiller. Da bekommt der etwas ausgelutschte Pilotengruß »Happy Landings« womöglich eine ganz neue Bedeutung.

Marion, die sich auch durch die Verfahrenseinstellung der Staatsanwaltschaft nicht davon abbringen ließ, weiterhin zu behaupten, dass ihr Mann durch die Russen getötet wurde, überdauerte den Tod ihres Mannes nur kurz. Zwei Tage nach einem Interview, in welchem sie gegenüber einer überregionalen Zeitung den russischen Präsidenten als Auftraggeber beschuldigte, rutschte sie in ihrem Badezimmer aus und brach sich das Genick. Laut Staatsanwaltschaft ein tragischer Unfall.

DNA

Von der Polizei befragt, gab der Taxifahrer an, dass die Stimmung zwischen dem Pärchen schon von Beginn der Fahrt an ziemlich mies gewesen sei. Er habe in seinen knapp zwanzig Jahren als Taxifahrer schon einiges erlebt, aber so ein heftiger Streit sei ihm noch nie untergekommen.

Bereits beim Einsteigen hatte es Ärger gegeben: Die hübsche junge Frau setzte sich nach vorne auf den Beifahrersitz statt zu ihrem Begleiter nach hinten, was dem 1,90 Meter großen Hünen sichtlich missfiel.

Der ging wohl davon aus, dass sie beide zusammen zu ihm nach Hause fahren würden, was er wohl daraus schloss, dass sie nicht weiter reagierte, als er dem Taxifahrer als Fahrtziel seine Adresse nannte.

Während der Fahrt versuchte der sichtlich verärgerte junge Mann mehrfach, seine Begleitung auf sich aufmerksam zu machen, indem er sie provozierte und zuletzt sogar anschrie. Die junge Frau wirkte dagegen äußerst nüchtern und blieb die ganze Zeit über gelassen.

Vor seiner Haustür angekommen, eskalierte die Situation endgültig, als sie ihm eröffnete, sie werde heute zu sich nach Hause weiterfahren – und zwar allein. Sie könne seine geschmacklose Spießerwohnung ohnehin nicht ertragen, und vermutlich sei Sex mit dem »alten Taxifahrer« immer noch besser als mit ihm, dem »Schlappschwanz«.

»Dann fick doch den scheiß Taxifahrer, du Nutte!« – An diese Formulierung könne er, der Taxifahrer, sich noch genau erinnern. Der muskulöse Sportstudent war daraufhin wütend aus dem Taxi gestiegen und hatte die Tür hinter sich zugeknallt.

Die zierliche junge Frau blieb wortlos sitzen und nannte dem Taxifahrer knapp ihre Adresse. Von der Wohnung des Freundes bis zu ihr nach Hause waren es dann nur noch wenige Minuten. Während der Fahrt schaute sie wortlos aus dem Beifahrerfenster des Taxis in die tiefe Nacht hinaus. Auf das Restgeld verzichtete sie, das waren immerhin vier Euro. Der Taxifahrer freute sich, für den ganzen Ärger wenigstens noch ein ordentliches Trinkgeld bekommen zu haben.

Er habe dann im Auto seine Abrechnung gemacht und vor dem Taxi noch eine Zigarette geraucht. Da sei auf einmal der wütende junge Mann grußlos an ihm vorbeigedampft. Oh weh, das gibt jetzt Ärger, habe er sich noch beim Wegschnippen der Zigarette gedacht und sogar noch kurz überlegt, ob er sich einmischen solle, sich dann aber dagegen entschieden, weil er einen langen Arbeitstag hinter sich hatte.

Am nächsten Morgen war die junge Frau tot.

Um den Hals der Verstorbenen lag das Stromkabel einer Mehrfachsteckdose, es hatte sich tief in die Haut eingeschnitten. Darunter zeigte sich eine bräunliche Hautverfärbung – eine typische Drosselmarke. Einen Selbstmord konnten die Ermittler ausschließen, denn ohne eine Verknotung des Kabels wäre es der Studentin unmöglich gewesen, sich selbst zu strangulieren. Die durch die Selbstdrosselung der Halsgefäße eintretende Bewusstlosigkeit hätte zu einer sofortigen Handlungsunfähigkeit geführt. Dann wäre es ihr aber nicht weiter möglich gewesen, das Stromkabel weiter zuzuziehen, wodurch die Blutversorgung des Gehirns dann wiederaufgenommen worden und sie nicht verstorben wäre. Auch fehlten Anzeichen von Blutstauungen im Kopf- und Halsbereich der Leiche, was als ein ziemlich sicheres Anzeichen für ein Fremdverschulden gilt. Denn bei Suiziden durch Selbsterdrosselung schafft es der Betroffene meist nicht, den Blutstrom in den Halsschlagadern sofort vollständig zu unterbrechen, sodass es zu Blutstauungen oberhalb der Drosselung kommt. Fehlen hingegen solche Stauungszeichen, weil es zu einer sofortigen, vollständigen Unterbrechung des Blutstroms im Hals gekommen ist, ist das ein Anzeichen für ein rasches und kräftiges Zuziehen des Drosselwerkzeugs, was für ein Fremdverschulden spricht.

Die Tatortarbeit der Polizei folgte dem üblichen Muster:

Anfertigung von Lichtbildern und Feststellung der Sperr- bzw. Verschlussverhältnisse: Waren die Fenster offen oder verschlossen? Bestand die Möglichkeit einzusteigen? Gab es signifikante Spuren? War die Eingangstür versperrt gewesen, hatte sie offen gestanden oder war sie nur zugezogen worden? Gab es Spuren gewaltsamen Eindringens?

Wie war der Zustand der Wohnung? War alles durchwühlt? Gab es Anzeichen für einen Kampf oder Spuren einer Party? Waren Lichtquellen, Elektrogeräte oder die Heizung eingeschaltet?

Natürlich suchten die Beamten auch nach Gegenständen, die nicht in die Wohnung oder zum Opfer gehörten, untersuchten die Bekleidung des Opfers auf ihren Zustand und sicherten den Inhalt der Taschen. Weiter ging es mit der Suche nach feuchten Handtüchern, Blut und verdächtigen Flüssigkeiten im Badezimmer oder der Küche. Dann nahmen sie die Decken und Wände in Augenschein: Gab es Beschädigungen? Blutspuren? Auch eine Bestandsaufnahme der Schränke, Schreibtische und Schubladen erfolgte routinemäßig. Standen sie offen, waren geschlossen oder gar verschlossen? Waren sie durchwühlt worden? Fehlten Gegenstände, Papiere oder Geld?

Was ergab die Untersuchung der Fußböden? Wurde kürzlich geputzt, waren da Schleifspuren oder biologische Spuren? Die Beamten trafen außerdem Feststellungen zu Geschirr und Lebensmitteln. Standen gefüllte Töpfe auf dem Herd oder fanden sich Flüssigkeitsreste in Gläsern, Flaschen und im Ausguss? Waren da Fingerspuren an Tellern und Gläsern? Sie suchten in den Abfallbehältnissen nach vernichteten Aufzeichnungen, Verpackungsmaterial von Medikamenten, Zigarettenschachteln, Kondomen, Kippen- und Ascheresten, leeren Flaschen, zerbrochenen Gläsern und, und, und.

Aber damit nicht genug: Es folgte das Abkleben der Leiche mit Klebestreifen zur Sicherstellung von Materialspuren wie Blut, Speichel, Sperma, Haaren, Hautschuppen, Textilfasern, Farb- und Lackspuren, darauf der Abrieb von Anhaftungen unter den Fingernägeln der Leiche und ein

Abstrich von den Geschlechtsorganen und Blutanhaftungen.

Trotz eingehender Untersuchung fiel die Zusammenfassung im sogenannten »Tatort- bzw. Leichenfundbericht« relativ kurz aus: Das Tatwerkzeug stammte aus der Wohnung, von direkt neben dem Bett. Spuren eines Kampfes oder eines Einbruchs gab es keine. Das Opfer musste den Täter in die Wohnung gelassen haben, oder der Täter verfügte über einen Schlüssel. Und es fanden sich Spermaspuren in der Vagina.

Natürlich hatten die Beamten auch einen Gerichtsmediziner hinzugezogen, der bei der Tatortarbeit vor allem eines zu leisten hat: Er bestimmt den Todeszeitpunkt. Die Kenntnis der mutmaßlichen Todeszeit ist vor allem für die Bestimmung des Täterkreises, etwaiger Alibiangaben und für die Tatrekonstruktion von Bedeutung. Als Faustregel gilt: Fühlt sich der Körper warm an und ist schlaff, ist der Tod vor weniger als drei Stunden eingetreten, fühlt er sich warm an und ist steif, ist der Tod vor drei bis acht Stunden eingetreten, fühlt sich der Körper kalt an und ist steif, ist der Tod vor acht bis sechsunddreißig Stunden eingetreten. Fühlt er sich kalt an und ist schlaff, dann ist der Tod vor mehr als sechsunddreißig Stunden eingetreten. Im vorliegenden Fall war der Körper warm und steif, der Tod musste also drei bis acht Stunden vor der Untersuchung eingetreten sein.

Anhand einer komplexen Analyse der Leichentemperatur konnte der Rechtsmediziner den Todeszeitpunkt ziemlich genau einschätzen. Dafür hatte er Faktoren berücksichtigt wie die Heiztemperatur, Luftfeuchtigkeit, die Bekleidung und Bedeckung, den Leichenuntergrund, die

Luftbewegung, das Körpergewicht und vorbestehende fieberhafte Erkrankungen sowie die postmortalen biologisch bedingten Leichenveränderungen – Leichenstarre und Totenflecken. Auch hatte er die Muskulatur der Leiche auf mechanische, elektrische wie auch chemische Erregbarkeit getestet.

Sein Ergebnis: Die Studentin musste zwischen 22 Uhr und Mitternacht getötet worden sein, vielleicht auch eine Stunde danach.

Für die zuständigen Kriminalbeamten stand daher zunächst die Überprüfung derer im Vordergrund, die zuletzt mit dem Opfer in Kontakt gestanden hatten, namentlich der Freund der Toten, der am Morgen die Leiche gefunden und den Rettungsdienst gerufen hatte, und der Taxifahrer, der die Studentin nach Aussage des Freundes am Abend zuvor nach Hause gefahren hatte. Beiden Personen wurden routinemäßig DNA-Proben entnommen, und sie wurden zum genauen Ablauf des vergangenen Abends befragt.

Während die Angaben des Taxifahrers der Polizei glaubhaft erschienen, fiel der Verdacht der Ermittler schnell auf den Freund des Opfers.

Und das aus gutem Grund. Denn nach kriminalistischer Erfahrung handelt es sich bei den meisten Morden um Beziehungstaten. Außerdem hatte der Freund im Gegensatz zum Taxifahrer während der gesamten Vernehmung extrem nervös und fahrig gewirkt und angegeben, seine Freundin in der Nacht ihres Todes gar nicht mehr gesehen zu haben, was laut der Aussage des Taxifahrers nicht stimmte.

Es gab auch Indizien, die für eine Täterschaft des Freundes sprachen. So fanden sich auf dem lautlos gestellten Handy des Opfers noch gut zehn Anrufversuche, die der wütende Partner innerhalb weniger Minuten nach seinem Aussteigen aus dem Taxi getätigt hatte. Außerdem waren die Ermittler auch auf einige wüste Drohungen und Beschimpfungen in Form von Kurznachrichten gestoßen, die er seiner Freundin geschickt hatte. Erst auf direkte Nachfrage der Polizei ging der Freund näher auf die Anrufe und Nachrichten ein. Das habe er doch alles nicht so gemeint. Und obwohl er in seiner letzten nächtlichen Nachricht angekündigt habe, noch bei ihr vorbeizukommen, sei er dann doch ins Bett gegangen, um »runterzukommen«.

Er sei dann erst am nächsten Morgen zur Wohnung seiner Freundin gefahren, weil er nichts mehr von ihr gehört und sie ihn nicht einmal zurückgerufen hatte. Als sie trotz mehrfachen Klingelns die Tür nicht geöffnet hatte, habe er die Tür aufgeschlossen, er besaß einen Schlüssel, um nach ihr zu sehen. Er habe zunächst angenommen, seine Freundin schlafe einfach tief, doch als er gesehen habe, dass sie nicht mehr atmete und er dann noch das Kabel um ihren Hals entdeckte, habe er sofort den Rettungsdienst benachrichtigt und versucht, sie wiederzubeleben.

Bereits einen Tag nach dem Leichenfund klickten die Handschellen – allerdings nicht beim Hauptverdächtigen, sondern beim Taxifahrer.

Auf dem Polizeipräsidium konfrontierten die Beamten den Taxifahrer mit dem Tatvorwurf des Mordes: Er habe die junge Studentin vergewaltigt und anschließend mit dem Kabel des Mehrfachsteckers erdrosselt oder umgekehrt.

Für die Polizeibeamten bestand kein Zweifel an der Täterschaft des Taxifahrers. Mittlerweile erschien ihnen seine Aussage als nichts weiter als eine erbärmliche Schutzbehauptung. Ein Alibi hatte er auch keines. Angeblich war er nach der Zigarette und der Begegnung mit dem wütenden Freund auf einen nahe gelegenen Supermarktparkplatz gefahren, hatte die Lehne des Beifahrersitzes so weit es ging nach hinten gedreht und sich dort etwas ausgeruht. Schließlich sei er seit knapp elf Stunden auf Schicht gewesen. Zeugen für den vermeintlichen Powernap auf dem Supermarktparkplatz gab es natürlich keine.

Die Kriminalbeamten empfanden es als besonders perfide, dass der Taxifahrer auch noch versucht hatte, seine abscheuliche Tat dem völlig verstörten Freund des Opfers anzuhängen.

Die Frage, ob er bei dem Opfer in der Wohnung gewesen war und ob er mit ihr Geschlechtsverkehr gehabt hatte, verneinte der Taxifahrer vehement.

Nun fragen Sie sich vielleicht: Warum diese plötzliche Kehrtwende? Nun, ein molekularbiologisches DNA-Gutachten mit einer Vergleichsprobe des Taxifahrers hatte zuvor zwei übereinstimmende Treffer ergeben. Das festgestellte DNA-Identifizierungsmuster auf und in der Leiche passte auf einen von über einer Billion Menschen – den Taxifahrer (es leben nicht mal ein Hundertstel so viele Menschen auf dieser Welt).

Da half dem Taxifahrer auch sein vehementes Leugnen nichts. Seine DNA war auf der Kleidung des Opfers und in Form von Spermaspuren in deren Vagina gefunden worden. Die Unterschrift des Haftbefehls durch den Ermittlungsrichter war nur mehr eine reine Formsache. Knapp ein Jahr darauf verurteilte ein Gericht den Taxifahrer zu einer lebenslangen Haftstrafe wegen Mordes.

Dass es für den Taxifahrer so kam, war nach dem Ergebnis der DNA-Untersuchung keine Überraschung. Denn ein positiver DNA-Treffer gilt in der Gerichtspraxis als ein in Stein gemeißelter »Beweis« zur Überführung des Täters.

Der Einzige, der von der Verurteilung überrascht zu sein schien, war der Taxifahrer selbst. Vor Gericht hatte er unter Tränen weiterhin seine Unschuld beteuert. Doch selbst der Pflichtverteidiger beantragte in seinem Plädoyer lebenslange Haft für seinen Mandanten und bat das Gericht unbeholfen, in dem Urteil wenigstens nicht von der besonderen Schwere der Schuld des Angeklagten auszugehen und ihm damit zumindest die Chance auf eine Entlassung aus der Haft nach fünfzehn Jahren einzuräumen. Doch das Gericht verurteilte den Angeklagten zur Höchststrafe, und der Taxifahrer wurde in ein Gefängnis für Langzeitinhaftierte verbracht. Danach legte man den Fall zu den Akten. Selbst der sonst so sensationsgierigen Presse war die Verurteilung nur eine kurze Meldung wert, und schon am nächsten Morgen war die Sache Schnee von gestern. Die Medien hatten ohnehin schon vor der Verurteilung umfassend und tendenziös über den Fall berichtet – »Sex-Monster bestreitet bestialische Tat«, »Mörder verhöhnt Freund des Mordopfers«.

Dass der Taxifahrer auch in den darauffolgenden Monaten und Jahren vehement auf seine Unschuld pochte und unzählige Briefe an Politiker, Medien, Behörden und Anwälte schrieb, interessierte niemanden. Als verurteilter Mörder hat man es ohnehin schwer, Gehör zu finden, erst recht, wenn es sich um ein Sexualdelikt handelt – denn wer setzt sich schon öffentlich für einen Lustmörder ein, dessen Schuld durch einen DNA-Beweis eindeutig belegt ist. Selbst Innocence Project, eine amerikanische Organisation, die sich verurteilter Mörder annimmt, die behaupten, unschuldig zu sein, nimmt keine Fälle an, in denen eine DNA-Probe am Tatort gefunden wurde, die mit der des Verurteilten übereinstimmt. Alles nachvollziehbar, wird man meinen, schließlich belegen die gerichtlichen Sachverständigen mit den krassen statistischen Wahrscheinlichkeiten ja ziemlich eindrucksvoll, dass DNA-Spuren unfehlbar sind. Und spätestens seit der TV-Serie *CSI* ist auch der letzte Zweifler davon überzeugt, dass ein DNA-Treffer die Schuld eines Delinquenten zweifelsfrei belegt – zumindest soweit er nicht plausibel erklären kann, warum sonst seine DNA am Tatort gefunden wurde.

Im Fall des Taxifahrers waren die Polizei, die Staatsanwaltschaft und die zuständigen Richter, also so ziemlich jeder, von der Täterschaft überzeugt, der Beweiskraft der DNA-Übereinstimmung sei Dank. Welche andere Erklärung sollte es auch für die Hautschuppen an der Kleidung der jungen Frau und nicht zuletzt für das Sperma in ihrer Vagina geben? Bis zur Tatnacht hatten das Opfer und der Taxifahrer einander nicht gekannt, geschweige denn sexuellen Kontakt miteinander gehabt. Und genau deshalb ist sich der Großteil der Strafverfolgungsbehörden sicher, den perfekten Mord gibt es nicht – der DNA-Analyse sei Dank.

In seiner Not wandte sich der Taxifahrer schließlich an einen Anwalt, der in Medien- und Justizkreisen als Fantast, Träumer und Weltverschwörungstheoretiker verschrien ist. Denn dieser Anwalt stellt selbst dann noch einen Antrag auf Wiederaufnahme von Gerichtsverfahren, wenn selbst der berühmte Blinde mit dem Krückstock zu erkennen glaubt, dass der Verurteilte schuldig ist.

So war die Erwartungshaltung auch entsprechend gering, als besagter Anwalt einen erneuten Abgleich der DNA des Taxifahrers mit den am Tatort gefundenen Spuren vornehmen ließ – allerdings mit überraschendem Ergebnis:

Denn die DNA des Taxifahrers war mit an Sicherheit grenzender Wahrscheinlichkeit nicht mit den Spermaspuren in der Vagina des Opfers identisch!

Spätere Nachforschungen des Landeskriminalamtes ergaben, dass der zuständige DNA-Gutachter im damaligen Strafverfahren wohl die DNA-Probe aus der Vagina versehentlich mit der DNA-Probe aus der Vagina verglichen hatte.

Insoweit war es auch wenig überraschend, dass sich damals eine glatte Übereinstimmung der beiden DNA-Vergleichsproben einstellte, was wiederum zu der These geführt hatte, dass nur der Taxifahrer der Mörder sein konnte.

Gut, es gab ja noch die an der Kleidung des Opfers gefundene DNA, einige wenige Hautschuppen, die auch laut Zweitgutachten eindeutig von dem Fahrer stammten, aber dieser Umstand allein brachte den Taxifahrer in keine Erklärungsnot.

Schließlich stand diese Kontamination mit der damaligen Aussage des Taxifahrers in Einklang. Wir erinnern uns: Das Opfer hatte auf dem Beifahrersitz Platz genommen, wo der Taxifahrer regelmäßig in seinen Pausen Platz nahm, um ein kleines Nickerchen zu halten. Nach humanbiologischer Expertise blieben auf diese Weise die Kopfhautschuppen des Taxifahrers an der Kopfstütze und im Schulterbereich zurück. Was viele nicht wissen: Pro Minute verliert der Mensch Tausende Hautschuppen – am Tag etwa 0,5 bis 2 Gramm –, denn auf der Hautoberfläche befinden sich Millionen abgestorbener und verhornter Zellen, die ständig abfallen. Auf diese Weise erneuert sich die oberste Hautschicht eines Menschen vollständig im Ablauf von rund vier Wochen. Ein bloßer Händedruck, bloßes Sprechen und natürlich auch der Griff in den Hosenbund einer Leiche, um diese zu bewegen, können zu einer DNA-Übertragung führen. Dass der Mensch täglich bis zu hundert Haare verliert, darauf wollen wir gar nicht erst eingehen.

Kurzum, der Fall wurde neu aufgerollt, das Gerichtsverfahren wiederaufgenommen, der Taxifahrer freigesprochen. Nach sieben Jahren Gefängnis entließ man den wohl unschuldigen Mann aus der Haft.

Der wahre Täter wurde hingegen nie gefasst. Vieles sprach zwar dafür, dass dann doch der Freund des jungen Mädchens der Täter war – immerhin ergab ein erneuter DNA-Vergleich des Spermas, dass es sich um das des Freundes handelte, der ebenso wenig wie der Taxifahrer ein Alibi hatte. Mit Blick auf den vorausgegangenen Streit mit seiner Freundin hatte er aber im Gegensatz zum Taxifahrer ein handfestes Motiv.

Der nunmehr hochverdächtige Freund behauptete allerdings, am Nachmittag vor der Tat noch einvernehmlichen Sex mit seiner Freundin gehabt zu haben. Eine Behauptung, die nicht widerlegt werden konnte, da keine Spuren von sexueller Gewalt an der Leiche festgestellt wurden und Spermien oft noch drei bis fünf Tage nach dem Geschlechtsverkehr nachgewiesen werden können. Und hinsichtlich der Begegnung mit dem Taxifahrer vor dem Haus des Opfers stand es weiterhin Aussage gegen Aussage. Es war nicht auszuschließen, dass der Taxifahrer den Freund im Dunkel der Nacht schlicht mit einer anderen Person verwechselt hatte, sofern er überhaupt die Wahrheit sagte. Weitere Indizien oder Beweise gegen den Freund lagen nicht vor, und sieben Jahre nach der Tat waren keine neuen Erkenntnisse zu erwarten.

Entgegen allen DNA-Spuren also doch der perfekte Mord?

Wenn der Taxifahrer am Ende doch der Mörder war, dann ist er immerhin für einen brutalen Mord »nur« sieben Jahre statt lebenslänglich eingesessen und hat neben einer vollständigen Rehabilitierung auch noch die in Deutschland allerdings eher kümmerliche Haftentschädigung bekommen – 20 Euro für jeden eingesessenen Hafttag –, aber »perfekt« sieht wohl anders aus.

Und wenn aber der Freund tatsächlich derjenige war, der seine Freundin getötet hat, dann wäre es sicher auch ein fauler Zauber, von einem »perfekten« Mord zu sprechen. Denn man kann nicht ernsthaft damit rechnen, dass einerseits dem zuständigen DNA-Gutachter ein solcher Fehler unterlaufen und andererseits eine Kontaminierung mit Hautschuppen des Taxlers bei einer bloßen Taxifahrt erfolgen würde – das wäre so zufällig wie der berühmte Sechser im Lotto.

Was dieser konkrete Fall rund um den Taxifahrer aber zeigt, ist, dass die DNA keinesfalls dieses unfehlbare Beweismittel ist, das über jeden Zweifel erhaben ist.

Und nur ein klein wenig weitergedacht: Wie leicht wäre es wohl, durch die gezielte Platzierung von DNA-Spuren in einem Mordfall den Verdacht auf einen Unschuldigen zu lenken? Bei der bestehenden Einstellung der Strafverfolgungsbehörden würden schon ein paar heimlich platzierte fremde Hautschuppen oder Haare genügen, um eine rechtsstaatliche Verurteilung eines Unschuldigen zu erwirken.

Denn bei einer statistischen Wahrscheinlichkeit im Billionenbereich ist das Ergebnis der DNA-Analyse für die Überzeugung des Tatrichters, dass die am Tatort gesicherte DNA-Spur vom Angeklagten herrührt, völlig ausreichend. Für ein unanfechtbares Urteil genügt es dann, wenn der Richter die Feststellung trifft, dass zwischen der DNA-Spur und der Tat ein Zusammenhang besteht und eine alternative Spurenverursachung unwahrscheinlich ist. Dann hat das Urteil auch vor einem höheren Gericht Bestand. Unterfüttert der Richter sein Urteil noch mit Wahrscheinlichkeitsangaben aus dem DNA-Gutachten, ist es kaum noch angreifbar.

Sprich, wenn die DNA eines eigentlich Unschuldigen an einer Leiche gefunden wird und er nicht plausibel erklären kann, wie sie dort hingelangt ist, ist selbst nach höchstrichterlicher Rechtsprechung das Urteil so gut wie gefällt.

Was dabei gerne übersehen wird: Das DNA-Verfahren mag in der Theorie nahezu unfehlbar sein, bewusste Manipulation oder menschliches Versagen ist und bleibt aber – wie in jedem anderen Bereich des Lebens – ein nicht zu unterschätzender Faktor.

Was ist denn mit Fällen, in denen mit fremden DNA-Spuren bewusst falsche Fährten gelegt werden, um vom wahren Täter abzulenken oder dieser sogar die Verurteilung eines Unschuldigen anstrebt? Genau solche Fälle lassen sich vermutlich in einer ähnlich hohen Anzahl bilden wie die biostatistischen Wahrscheinlichkeitszahlen der DNA-Analysen selbst.

Fremdes DNA-Material lässt sich mit einfachsten Mitteln in einer beliebigen Vielzahl besorgen und missbrauchen. Ganz zu schwiegen von den Fällen, in denen versehentliche Proben vertauscht und/oder Ergebnisse fehlerhaft übertragen werden. Allein hier liegt die Fehlerquote schon zwischen 0,4 und 0,7 Prozent, sodass von 1000 Tatverdächtigen vier bis sieben unschuldig verurteilt werden. Und das sind nur die Fälle, die aufgedeckt wurden – teilweise eben auch erst nach sieben Jahren. Die Dunkelziffer liegt wahrscheinlich deutlich höher. Wie viele Unschuldige wirklich verurteilt werden, kann man nicht genau sagen. Eine Statistik hierzu gibt es freilich nicht, denn laut Kriminalstatistik wurde ja bei rechtskräftigen Verurteilungen der richtige Täter verurteilt.

Die Sorge, dass in unseren Gefängnissen also zahlreiche unschuldig Inhaftierte sitzen, scheint indes keine abwegige Theorie von unverbesserlichen Weltverschwörern, sondern gesunde Kritik an kaum hinterfragten Dogmen der Kriminalistik zu sein.

Dabei existieren zahlreiche Beispiele, die das Versagen der Methode belegen. Man denke nur an das sogenannte »Heilbronner Phantom«, das nach einem Polizistenmord in Heilbronn über mehrere Jahre das Ziel einer umfangreichen Fahndung war. Das Phantom wurde mit rund vierzig weiteren Straftaten in Verbindung gebracht, weil an den

Tatorten übereinstimmende genetische Fingerabdrücke gefunden worden waren, unter anderem sollte das bestialisch mordende Phantom auch in eine Schule eingestiegen sein und Lehrmittel entwendet haben – wie man es von skrupellosen Mördern eben so kennt. Und obwohl auffällig war, dass in allen Fällen keine weiteren kriminalistisch verwendbaren Spuren ermittelt werden konnten, wurde erst Jahre später nachgewiesen, dass es sich bei den erhobenen Spuren um diagnostische Artefakte handelte, die auf verunreinigte Wattestäbchen zurückgeführt werden konnten. Eine Verpackungsmitarbeiterin aus dem Unternehmen, das an der Herstellung der Abstrichstäbchen beteiligt war, hatte ihre DNA darauf hinterlassen. Das Phantom war gefunden.

Im Fall des Taxifahrers hatte der wahre Täter einfach Glück: Die Verwechslung der DNA-Probe im Labor konnte er nicht vorhersehen. Wenn der Freund des Opfers der wahre Täter war, dann hätte er es wahrlich nicht besonders geschickt angestellt: Nachdem die Studentin auf seine Anrufe nicht reagiert hatte, könnte er in seinem wütenden Zustand – entgegen seiner polizeilichen Aussage und wie durch die festgestellten Kurznachrichten angekündigt – beschlossen haben, seine Freundin persönlich zur Rede zu stellen. Hierbei könnte es dann zu einem heftigen Streit, vielleicht sogar zu einer Vergewaltigung gekommen sein, die mit der Tötung seiner Freundin endete. Zumindest ließe sich ein solcher Tathergang aufgrund seines fehlenden Alibis, der sichergestellten Spermaspuren, der Begegnung mit dem Taxifahrer und des eindeutigen Rache- oder Eifersuchtsmotivs zwanglos in Einklang bringen. Hätte man die Ermittlungen nicht vorschnell abgeschlossen, hätte man ihn im Rahmen weiterer Ermittlungen vielleicht überführen können.

So weit, so gut. Aber was, wenn der Freund von Anfang an geplant hätte, seine Freundin zu töten und den Mord dem unschuldigen Taxifahrer anzuhängen? Dann wäre durchaus auch folgender Tathergang denkbar:

Der Freund bestellt ein Taxi, das sich und seine Freundin in ihre jeweiligen Wohnungen bringen soll, er hält der Freundin die Beifahrertür auf, sodass sie vorne einsteigt. Er selbst nimmt hinter dem Fahrer Platz. Unbemerkt sammelt er mit einem Taschentuch die Kopfhautschuppen auf, die der Taxifahrer mit an Sicherheit grenzender Wahrscheinlichkeit auf der Rückenlehne unterhalb der Kopfstütze des Fahrersitzes hinterlassen hat.

Nachdem er zu Hause ausgestiegen ist, geht er in seine Wohnung, aber nur, um sein Handy dort zu lassen, um nicht anhand einer Funkzellenüberprüfung seine Anwesenheit am Tatort zu belegen. Danach schwingt er sich aufs Fahrrad und fährt zu seinem Opfer. Nur wenige Minuten nachdem der Taxifahrer zusammen mit der Freundin dort angekommen ist, verschafft er sich mit seinem Schlüssel Zugang zur Wohnung, zieht sich Handschuhe über, um am Tatwerkzeug keine Spuren zu hinterlassen, tötet sein Opfer und schüttelt das Taschentuch mit den Hautschuppen des Taxifahrers über dem Leichnam aus, wohingegen er selbst sich kaum um etwaige eigene DNA-Spuren sorgen muss, da die Polizei aufgrund seiner intimen Beziehung zum Opfer davon ausgehen muss, auf seine DNA zu stoßen.

Ein besonders gewiefter Täter wird die Hautschuppen

in einem Bereich verteilen, der nicht durch einen zufälligen Kontakt kontaminiert worden sein kann, also beispielsweise auf den unbekleideten Füßen oder im Schambereich des Opfers. Denn in diesem Fall würde dem Taxifahrer dann auch die Aussage, er mache hin und wieder ein Nickerchen auf dem Beifahrersitz, nur noch wenig helfen.

Auch für ein fehlendes Alibi könnte der Täter sorgen. So könnte er den Taxifahrer mit unterdrückter Rufnummer zu einem nahe gelegenen, aber unbelebten Ort bestellen, um ihn dort auf einen fiktiven Fahrgast warten zu lassen, der aber nie auftaucht.

Es zeigt sich, wie einfach es ist, jemandem etwas anzuhängen: Es hätte vermutlich genügt, dass der Freund sich, nachdem er die junge Frau im Streit umgebracht hatte, an den rauchenden Taxifahrer erinnert, die Zigarettenkippe aufsammelt und diese an geeigneter Stelle in der Wohnung platziert. Im Zuge der Allgläubigkeit der Behörden an den sogenannten DNA-Beweis hätte diese simple Vertuschungshandlung vermutlich ausgereicht, um den Taxifahrer als Belastungszeugen auszuschalten und ihn stattdessen als vermeintlichen Täter hinter Gitter zu bringen.

Für einen halbwegs gewieften Mörder eröffnet sich mit dem omnipräsenten Vertrauen in den DNA-Beweis also ein schier grenzenloser Spielraum. So könnte er beispielsweise die Lebensgewohnheiten seines Erzfeindes beobachten, sich aus dessen Hausmüll ausgebürstete Haare, Staubsaugerbeutel, einen arglos weggeworfenen persönlichen Gegenstand oder gar ein benutztes Kondom besorgen. Dann müsste er nur noch abwarten, bis sein Erzfeind spätnachts allein zu Hause schläft – also kein Alibi hat. Er könnte einen Mord begehen, ausreichend Spuren des Feindes am Tatort verteilen, der Polizei einen anonymen Hinweis zukommen lassen, und schon wäre dem Diffamierten eine lebenslängliche Haft so gut wie sicher.

Auch wenn ein Täter nur eine falsche Spur legen möchte, könnte er sich aus öffentlich zugänglichen Bereichen diverse Spurenträger besorgen und diese am Tatort hinterlassen. Wenn diese nicht gerade die eines vorbestraften Täters sind, wird der Diffamierte vermutlich ebenso wenig gefasst wie der wahre Täter. Es wäre ein weiterer »cold case«, der irgendwann zu den Akten gelegt würde.

Und auch umgekehrt funktioniert das Ganze. Zum Beispiel um im Dienste der guten Sache rechtsstaatsfeindliche Selbstjustiz zu üben. Man denke nur an einen Kommissar, der auf Druck der Medien, der Öffentlichkeit und nicht zuletzt seines Dienstvorgesetzten einen schnellen Erfolg in einem grausamen Mordfall vermelden soll. Nach seiner höchst subjektiven kriminalistischen Erfahrung ist sich der Kommissar sicher, dass der Tatverdächtige den Mord begangen hat, doch leider gibt es keine Beweise für seine Theorie. Wäre es nicht vorstellbar, dass der gestresste Beamte in dieser angespannten Lage nachhelfen würde? Er bringt den Tatverdächtigen einfach mittels entnommener DNA nachträglich mit dem Tatort in Verbindung. Eine Verschwörungstheorie? Mitnichten! Erst jüngst ist dieser Fall genau so in den USA geschehen.

Wie man sieht, muss man nicht mal die hellste Kerze am Baum sein, um eine falsche DNA-Spur zu legen. Und trotzdem konzentrieren sich die Ermittlungsbehörden vornehmlich – wenn nicht gar ausschließlich – auf die DNA-Spuren, die sie am Tatort finden, ganz im *CSI*-Bewusstsein und dem blindwütigen Glauben an wissenschaftliche Statistiken.

Wohl denen also, die von nun an das Haus nicht ohne die aus Film und Fernsehen bekannten weißen Maleranzüge nebst Kapuze, Überziehschuhen und Mundschutz verlassen und ihren Müll sicher vor unbefugtem Zugriff verwahren …

EIN FORMVOLLENDETER TOD

Alles hatte so schön angefangen. Mit der adretten Figur, dem charmanten Lächeln und dem vollen schwarzen Haar war sie ihm sofort aufgefallen. Nachdem er ihr ein paar schüchterne Blicke zugeworfen hatte, die sie stets mit einem verschmitzten Lächeln erwiderte, war er aufgestanden und hatte sich zu ihr an die Bar gesellt. Der gemeinsame Drink, die alles andere als oberflächlichen Gespräche und die tiefen Blicke hatten das Kribbeln im Bauch nur noch verstärkt. Und nach einigen weiteren Dates passierte es: Sie verliebten sich ineinander.

Fünf Jahre später zeigte er sie wegen Mordes an. Das Verfahren wurde jedoch bald darauf eingestellt. Nach Überzeugung der Justiz ist die Frau heute tot.

Was aber, wenn ich Ihnen sage, dass sich in Wirklichkeit sowohl das Mordopfer als auch die Mörderin bester Gesundheit erfreuen? Und was, wenn ich Ihnen danach auch noch sage, dass dieser Fall der perfekte Mord ist? Lesen Sie selbst, wie sich alles zugetragen hat:

Auch nach fünf Jahren Beziehung war er noch verliebt in diese äußerst sinnliche Frau, die seine Begierden und Leidenschaften allesamt – und darüber hinaus – befriedigte. Die Gespräche mit ihr waren nicht weniger anregend, denn sie besaß Intellekt und Humor. Gleichzeitig war sie stets zuvorkommend und liebevoll. Er konnte sich vorstellen, mit ihr gemeinsam alt zu werden und Kinder zu bekommen.

Alles schien perfekt, obwohl sie wegen ihres Berufes gezwungenermaßen eine Fernbeziehung führten: Als Handelsvertreterin für ein internationales Pharmaunternehmen bereiste sie die ganze Welt. Er hingegen war als selbstständiger Steuerberater örtlich gebunden.

Trotzdem hielten sie sich regelmäßig die Wochenenden füreinander frei. Wenn sie sich dann endlich wiedersahen, war es ein regelrechtes Feuerwerk der Gefühle. Unter der Woche schrieben sie einander jeden Tag Liebesnachrichten, am Wochenende setzten sie das Geschriebene in die Tat um – mal heiß und hemmungslos, mal innig und liebevoll.

Schon seit einiger Zeit dachte er darüber nach, ihr einen Heiratsantrag zu machen. Doch allen seinen Andeutungen war sie mit einem fast schüchternen Lächeln ausgewichen. Ihre Karriere war ihr sehr wichtig, hatte sie ihm zu verstehen gegeben. Er respektierte das und hoffte insgeheim, dass sie weniger würde reisen müssen, wenn sie in der Firmenhierarchie bald aufsteigen würde. Er liebte sie, und sie hatte ihm nie Anlass gegeben, daran zu zweifeln, dass sie ihn ebenfalls liebte.

Doch dann kam es zu dieser einen verhängnisvollen Nacht, und das nur wegen ihres Handys. Bis dahin hatte sie während der gemeinsamen Wochenenden immer peinlichst genau darauf geachtet, dieses Handy ausgeschaltet zu lassen. Während der Arbeitswoche sei sie immer erreichbar und zeige vollen Einsatz. Dann aber müsse ihr Arbeitgeber ihre Freizeit und ihre Privatsphäre respektieren. Sie zelebrierte den Moment, in dem sie unmittelbar nach ihrer Ankunft und einer leidenschaftlichen Begrüßung als Erstes ihr Handy ausschaltete und es in ihrem abschließbaren Handkoffer verschwinden ließ. Sie wollte eben nur Augen und Ohren für ihn haben, und ebendas zu hören hatte ihm auch immer sehr geschmeichelt.

Als sie an besagtem Freitagabend bei ihm eintraf, hatte sie eine ganz besonders stressige Arbeitswoche hinter sich und war völlig erschöpft. Sie hatte ihren Flug verpasst und war erst weit nach Mitternacht am Flughafen eingetroffen. Natürlich hatte er dort längst auf sie gewartet, hatte er sich doch schon die ganze Woche auf sie gefreut. Sie betonte, dass sie unbedingt noch den Abend mit ihm genießen wolle, egal wie müde sie gerade sei. Sie wolle ihm unbedingt noch ihre neue Unterwäsche vorführen, die sie extra für ihn gekauft habe. Aber schon während der Heimfahrt fiel sie alle paar Minuten in einen Sekundenschlaf. Bei ihm zu Hause angekommen, ging sie voraus in das Schlafzimmer, während er noch mit dem Gepäck beschäftigt war. Wenig später fand er sie in ihrer sexy Unterwäsche auf dem Bett – tief schlafend. Mit einem verliebten Lächeln deckte er sie zu, bevor auch er sich bettfertig machte und sich zu ihr kuschelte.

Doch mitten in der Nacht weckte ihn ausgerechnet das Klingeln ihres Handys. Immer wieder ertönte diese monotone Melodie, die ihn aus dem Tiefschlaf gerissen hatte und die er fortan nie mehr vergessen würde.

Es musste wohl sehr wichtig sein, wenn sich jemand um zwei Uhr morgens auf ihrem Diensttelefon meldete, und vielleicht hatte sie es ja deshalb auch ausnahmsweise extra angelassen. Zumindest dachte er das, während er sich müde aus dem Bett quälte, um das penetrant klingelnde Gerät zu suchen. Als er es dann endlich gefunden hatte und in die Hand nahm, um es seiner Freundin, die dem Klingeln zum Trotz immer noch tief und fest schlief, ans Bett zu bringen, kam er nicht umhin, die ersten Worte einer Kurznachricht zu lesen, die im Sperrbildschirm des Handys aufblitzte: »Du Schlampe hast mich angesteckt!«, stand da. Im Anhang der Nachricht stieß er auf eine Bilddatei, die eine Laboruntersuchung und die Diagnose »HIV-positiv« zeigte.

Natürlich war ihm bewusst, dass es nicht in Ordnung war, im Handy seiner Freundin herumzuschnüffeln, aber es war ebendiese SMS mit einer HIV-Diagnose, die ihn dazu veranlasste, das Handy sogar noch weiter zu durchforsten. Wer war dieser Absender? Was hatte er mit seiner Freundin zu tun? Und wer würde so etwas an ein Firmenhandy schicken?

Während seine Freundin weiterhin seelenruhig schlief, stieß er auf eine umfangreiche Korrespondenz mit etwa sechzig verschiedenen Männern. Mit jedem von ihnen hatte seine Freundin anscheinend über Wochen und Monate und manchmal sogar Jahre ein sexuelles Verhältnis unterhalten. »Dienstliche« Mails befanden sich hingegen keine auf dem Gerät.

Er zog sich an, ging zur Tür und verließ wortlos die Wohnung. Ihr sogenanntes Diensthandy nahm er mit.

Am nächsten Morgen folgte dann die nächste Hiobsbotschaft. Noch in der Nacht hatte er im örtlichen Krankenhaus einen HIV-Schnelltest durchgeführt: Er war positiv.

Auch alle folgenden Laboruntersuchungen bestätigten die Diagnose. In den letzten fünf Jahren hatte er nur mit seiner Freundin Geschlechtsverkehr gehabt, der obligatorische HIV-Test, den sie am Anfang ihrer Beziehung eingefordert hatte, war damals negativ ausgefallen, sodass nur sie als Überträgerin infrage kam. Welche Ironie, dass es damals ausgerechnet sie gewesen war, die vor dem ersten gemeinsamen Sex noch auf einem HIV-Test bestanden hatte.

Wie sich im Zuge der Untersuchungen herausstellte, hatte die Krankheit bei ihm einen besonders aggressiven Verlauf genommen. Hätte er von der Ansteckung gewusst und rechtzeitig die entsprechenden Medikamente bekommen, hätte man noch etwas tun können. Jetzt aber war es schon fast zu spät: Wie lange er noch zu leben hätte, darüber wagten die Ärzte keine Prognose zu treffen. Die Medikamente würden ihm zwar helfen, aber eine Heilung war nach dem derzeitigen Forschungsstand nicht möglich.

Alles, was er sich aufgebaut hatte, seine Beziehung, sein Job, sein bisheriges Leben, war von einem auf den anderen Tag vorbei.

In dieser ausweglosen Situation fand er Halt in einer Mission: Rache.

Zuerst aber sicherte er sämtliche Beweise – gründlich, methodisch und akribisch. Über das Diensthandy nahm er mit dem anderen Mann, der in der besagten Nacht die verhängnisvolle SMS geschrieben hatte, Kontakt auf. Er durchforstete ihre Vergangenheit, wobei sich herausstellte, dass sie schon lange von der Ansteckung wusste und sich aufgrund einer konsequenten medikamentösen Therapie bester Gesundheit erfreute – ganz im Gegensatz zu ihm. Zudem ergab ein virologischer Vergleich zwischen seinem HI-Virus und dem aus der Blutuntersuchung des anderen Mannes, dass sie beide den identischen Virustyp mit der gleichen genetischen Erbstruktur in sich trugen. Auch der andere Mann hatte vor seiner Liaison mit der besagten Frau einen HIV-Test durchführen lassen – mit negativem Ergebnis. Damit war gerichtsfest nachgewiesen, dass beide Männer von derselben Person mit demselben Virustyp infiziert worden waren – seiner Freundin. Oder besser gesagt: seiner Exfreundin.

Er verfasste einen ausführlichen Schriftsatz, fügte alle gesammelten Beweise bei und zeigte sie bei der Staatsanwaltschaft an: wegen Mordes.

Aber: War das wirklich Mord? Immerhin gibt es (noch) keinen Toten. Und was ist mit den für Mord notwendigen besonders niederträchtigen Beweggründen, die eine »normale« Tötung, also den Totschlag, vom Mord unterscheiden?

Sollte also die Anzeige des unglücklichen Steuerberaters ausreichen, ein Verfahren wegen versuchten Mordes gegen seine Exfreundin einzuleiten?

Wenn es um eine Verurteilung wegen Mordes geht, ist es zunächst gleichgültig, ob die Tötung durch Lebensverkürzung eines an sich gesunden Menschen herbeigeführt wird oder durch Sterbensbeschleunigung bei einem bereits kranken oder gar dem Tode geweihten. Ebenso ist auch gleichgültig, ob das Leben eines anderen möglicherweise durch Beschleunigung des Todeseintritts nur um eine äußerst geringe Zeitspanne verkürzt wird. Wer also dem todkranken Erbonkel ein Kissen aufdrückt, um ihn daran zu hindern, noch im letzten Moment sein Testament zu ändern, der wird ebenso wegen Mordes verurteilt wie derjenige, der einen völlig gesunden Onkel tötet, der vielleicht noch mehrere vergnügliche Jahre vor sich gehabt hätte. Der Grundsatz der Menschenwürde in unserer Verfassung verbietet es nämlich, zwischen mehr oder weniger schützenswertem Menschenleben zu unterscheiden. Es kommt daher einfach nicht darauf an, ob jemand sowieso mit Sicherheit sehr bald gestorben wäre: Wer einen Flugzeugpassagier vor dessen Reiseantritt tötet, der ist strafrechtlich für dessen Tod voll verantwortlich, selbst wenn die Maschine, in der er gesessen hätte, später abgestürzt und das Mordopfer dabei ohnehin gestorben wäre.

Aus diesen Erwägungen heraus kommt grundsätzlich auch eine strafbare Tötung durch HIV-Infizierung in Betracht, selbst wenn der Tod erst nach vielen Jahren oder infolge eines zunächst nur latenten Risikos eines vollen Ausbruchs der AIDS-Erkrankung eintritt.

Nun war der Exfreund allerdings noch nicht tot, von einem vollendeten Totschlag oder Mord konnte man also notwendigerweise nicht sprechen, und bekanntermaßen bedeutet eine Ansteckung mit HIV kein sofortiges Todesurteil, schließlich stirbt man nicht unmittelbar nach der Tat – dem ungeschützten Geschlechtsverkehr. Da man aber nicht ausschließen kann, dass HIV dennoch ein vorzeitiges Todesurteil bedeutet, zumindest dann, wenn man keine Medikamente dagegen einnimmt oder der Körper nicht auf diese anspricht, kommt sehr wohl ein versuchtes Tötungsdelikt in Betracht. Denn bei so schweren Verbrechen wie Mord und Totschlag gilt auch schon der bloße Versuch einer Tötung als strafbar, mit dem Unterschied, dass Gerichte die Strafe mildern können (nicht müssen), weil der sogenannte »Erfolg« der Tat – also der Tod – nicht eingetreten ist. Ein Beispiel: Wenn zwei Mörder unabhängig auf ein und dieselbe Person schießen, das Opfer aber bereits nach dem ersten Schuss tot ist, macht dieser Umstand die Tat des zweiten Mörders nur noch zu einem (untauglichen) Versuch. Das Gericht würde aber vermutlich beide mit gleicher Härte verurteilen. Schließlich sollen zufällige Fehlschläge dem Täter einer schweren Straftat nicht zugutekommen, zumal er sich mit seiner – wenn auch nur versuchten – Tat klar gegen die Rechtsordnung stellt. Dementsprechend kann das Infizieren eines anderen Menschen mit dem grundsätzlich tödlichen HI-Virus dem in nichts nachstehen.

Was aber ist mit den Mordmerkmalen, welche juristisch betrachtet erst aus der »normalen« Tötung einen deutlich schwerer bestraften Mord machen?

In unserem Fall in Betracht zu ziehen wäre allenfalls die versuchte Tötung »zur Befriedigung des Geschlechtstriebs als eines von diversen Mordmerkmalen, die das niedere Handeln des Täters zum Ausdruck bringen«.

Allerdings erfüllt nicht jede denkbare Mittel-Zweck-Verknüpfung zwischen Tötung und Triebbefriedigung auch gleich dieses Mordmerkmal. Wir erinnern uns: Ein Mordmerkmal begründet eine ganz besondere sittliche Verwerflichkeit der Tat, welche eine deutlich härtere Bestrafung als die einer »normalen« Tötung rechtfertigt. Diese kann sich zum Beispiel in einer besonderen Erniedrigung des Opfers ausdrücken. Zudem verlangt schon begrifflich die Tötung zur sexuellen Befriedigung eine gewisse Unmittelbarkeit. Und zwar dergestalt, dass der »Lustmörder« etwa tötet, um unmittelbar aus dem Tötungsakt sexuelle Befriedigung zu erlangen. Hat ein HIV-Positiver ungeschützten Geschlechtsverkehr und infiziert den Sexualpartner mit dem tödlichen Virus, erreicht der einvernehmliche Geschlechtsverkehr selbst dann nicht den Verwerflichkeitsgrad eines Mordes, wenn das Opfer nichts von der HIV-Infektion des Partners wusste. Dies wird mit der Erwägung begründet, dass die Triebbefriedigung allein in dem Sexualakt als solchem gesucht wird und die lebensgefährdenden Umstände dieses Vorgangs für die angestrebte Befriedigung üblicherweise keinerlei Bedeutung haben. Von Mord konnte also keine Rede sein, zumal auch andere Mordmerkmale wie Habgier oder Mordlust offensichtlich keine Rolle spielten.

Aber stellte der ungeschützte Geschlechtsverkehr dann nicht wenigstens einen Totschlag dar – wenn auch als Versuch?

Wer einen Menschen tötet (oder dies versucht), wird schließlich auch ohne Mörder zu sein bestraft. Voraussetzung hierfür wäre lediglich der Vorsatz, jemanden töten zu wollen, in unserem Fall also die nachweisliche Absicht oder das Wissen, dass der Partner in der Folge des Geschlechtsaktes sterben würde.

Umgekehrt handelt nur fahrlässig, und ist damit deutlich milder zu bestrafen, wer zum Zeitpunkt des Beischlafs nicht beabsichtigt, seinen Partner zu schädigen, oder die Möglichkeit, dass der Geschlechtspartner dadurch sterben könnte, gar nicht erst erkennt, nicht ernst nimmt und sich auch nicht damit abfindet.

Letzten Endes müsste ein Richter also nachträglich feststellen, was die Täterin im Moment des Beischlafs konkret gedacht hat. Dabei ist es dem Gericht allerdings erlaubt, sich auf Grundlage der Beweismittel eine eigene Auffassung von der Innenwelt der Täterin zu bilden. Es muss sich nicht mit kläglichen Erklärungsversuchen zufriedengeben. Wer etwa als geistig gesunder Mensch sagt, er habe keine Ahnung, dass ein Schuss mit einer geladenen Pistole aus nächster Nähe tödliche Folgen nach sich ziehen kann, den wird das Gericht dennoch ohne Zögern wegen eines vorsätzlichen Tötungsdeliktes verurteilen. Da hilft übrigens auch die Beteuerung nichts, man habe das alles ja gar nicht gewollt. Denn wenn ein Täter die Folgen seines Handelns billigend in Kauf nimmt, geht das deutsche Recht von einer vernünftigen und handlungsfähigen Person aus.

Zurück zu unserem Paar: Wenn die junge Frau von ihrer Krankheit nichts gewusst hätte, läge klar kein Vorsatz vor. Vorsätzlich gehandelt hätte sie aber schon dann, wenn sie den Tod ihres Partners durch eine HIV-Infektion als möglich und nicht ganz fernliegend erkannt und billigend in Kauf genommen hätte, wenn sie sich also um ihrer Befriedigung willen mit der Gefahr der Ansteckung des Partners abgefunden hätte. Die Freundin des geschädigten Steuerberaters wusste, dass sie infiziert war, nahm ja selbst bereits die entsprechenden Medikamente; trotzdem hatte sie über Jahre hinweg Sex mit ihm und setzte ihn damit einem ganz erheblichen Ansteckungsrisiko aus. Ihr muss also bewusst gewesen sein, dass er sich beim Sex anstecken konnte, schlief aber trotzdem mit ihm, da ihr seine Sicherheit nicht so wichtig war. Man könnte also tatsächlich von einem vorsätzlichen versuchten Totschlag sprechen.

Andererseits könnten die Richter auch davon ausgehen, dass die HIV-Infizierte das Risiko einer Ansteckung innerlich herunterspielte, weil diese für Männer niedriger ist, und sie sich außerdem damit beruhigte, dass die Krankheit eventuell nicht ausbrechen würde. Auch hätte sie das Risiko weiter herunterspielen können, weil der Virus bei ungeschütztem Vaginalverkehr seltener übertragen wird. Zumindest bezüglich der Todesgefahr für ihren Partner hätte sie dann nicht bedingt vorsätzlich gehandelt, sondern nur fahrlässig.

So jedenfalls argumentiert die Rechtsprechung gegen einen Tötungsvorsatz bei Geschlechtsverkehr, wenn der Täter von der eigenen HIV-Infektion weiß.

Auch wenn der Steuerberater also ein Mordverfahren gegen seine Exfreundin anstrengte: Die schöne Femme fatale hatte diesbezüglich keine Verurteilung zu befürchten.

Ist also das Infizieren eines anderen Menschen mit HIV das perfekte Tötungsdelikt, da die Tat weder als Mord noch als Totschlag verfolgt wird?

Ich würde das spontan verneinen. Denn abgesehen davon, dass zwischen der Tat und dem Ableben des Opfers Jahre oder Jahrzehnte liegen können und diese Methode damit nur für die allergeduldigsten Täter infrage kommen dürfte, besteht angesichts der fortschreitenden Entwicklung der Medizin die begründete Hoffnung auf ein Heilmittel gegen HIV.

Von einem perfekten Mord kann aber insbesondere auch deswegen nicht die Rede sein, weil auch eine bedingt vorsätzliche Ansteckung mit dem HI-Virus keineswegs ungestraft bleibt – zumindest dann nicht, wenn die Täterin oder der Täter von der HIV-Infizierung weiß und zahlreiche Personen leichtfertig dem Ansteckungsrisiko aussetzt – wie in diesem Fall geschehen. Das Verhalten der Freundin führte bei mehreren Personen zu einer lebensbedrohlichen Erkrankung. Wie sich im Laufe der Ermittlungen herausstellen sollte, waren neben dem Steuerberater und dem ersten Infizierten zwei weitere Liebhaber betroffen.

Nach Ansicht der höchstrichterlichen Rechtsprechung stellt das Infizieren einer Person durch ungeschützten Geschlechtsverkehr dann zwar keinen Mord, aber immerhin eine vorsätzliche Körperverletzung dar – schließlich weiche der körperliche Zustand eines infizierten Opfers in der Folge vom Zustand eines Gesunden ab. Dabei reicht den Richtern bereits aus, dass der HIV-Infizierte, aber noch nicht Aidskranke in pathologisch signifikanter Weise für andere Krankheitssymptome anfälliger wird. Das Opfer ist also gerade wegen der Beischlafhandlung nicht mehr gesund und in seinem körperlichen Wohlbefinden verletzt. Damit handelt es sich um eine waschechte Körperverletzung, die entsprechend des Strafgesetzes unter Strafe steht.

Zugegeben, das hört sich ganz logisch an, ist aber – wenn man sich die ganze Argumentation zur Frage eines Mordes durch Infizierung mit HIV nochmals vor Augen führt –

nichts anderes als das diametrale Gegenteil von dem, was die höchstrichterliche Rechtsprechung bezüglich des Tötungsvorsatzes sagt. Dass man also auch hier ähnlich großzügig hinsichtlich der Frage (k)eines Körperverletzungsvorsatzes argumentieren könnte, scheint die obersten Richter nicht weiter zu interessieren.

Ziemlich uneinheitlich also. Und nebenbei bemerkt, für eine lediglich einfache Körperverletzung muss der Täter ohnehin keine sonderlich hohe Strafe fürchten: Ersttäter kommen dabei im Regelfall mit einer Geld- oder kleinen Bewährungsstrafe davon, immer vorausgesetzt, dass die Täterschaft überhaupt nachweisbar ist. Wenn nicht zweifelsfrei geklärt werden kann, ab wann oder ob der Überträger von seiner eigenen Infizierung wusste, entscheiden die Gerichte ohnehin zugunsten des Überträgers, der mangels Vorsatz ungestraft bleibt. Zusammengefasst bedeutet das alles also, dass man in Deutschland bei ungeschütztem Geschlechtsverkehr wenige bis gar keine Konsequenzen zu befürchten hat, selbst wenn man dabei möglicherweise sogar schlimme Geschlechtskrankheiten überträgt.

Andererseits stellt sich dann aber die Frage, warum ein Fall, bei dem es sich nicht mal halbwegs um einen perfekten Mord handelt, sondern eher um eine nicht besonders hart bestrafte Körperverletzung, von der man nicht einmal sicher weiß, ob sie irgendwann einmal zum Tod des Opfers führen wird, trotzdem Eingang in ein Buch mit dem Titel *9 ½ perfekte Morde* findet?

Der Grund, warum dieser Fall rund um unseren Steuerberater und seine Femme fatale nicht fehlen darf, ist die abenteuerliche strafrechtliche Verfolgung durch die Ermittlungsbehörden. Der Fall ist nämlich mitnichten schon zu Ende.

Die zuständige Staatsanwaltschaft leitete ob ihrer Funktion als Behörde zur Verfolgung von Straftaten selbstredend ein Ermittlungsverfahren gegen die treulose Freundin ein. Sie wurde der mehrfachen Körperverletzung beschuldigt.

Und es sah für die Femme fatale auch alles andere als gut aus. Dass sie nämlich ihre HIV-Infektion über Jahre gleich zahlreichen Geschlechtspartnern gegenüber vorsätzlich verschwiegen hatte, konnte man ihr aufgrund der akribischen Ermittlungen des Steuerberaters nachweisen. Im Zuge der staatsanwaltlichen Untersuchung musste sie sich einer ganzen Flut von Anklagen stellen, die auf Körperverletzung lauteten. Und da der Fall ganz besonders dreist war und mehrere Opfer schwer betroffen waren, strebte die Staatsanwaltschaft eine Verurteilung zu einer längeren Gefängnisstrafe an, was im Einzelfall auch bei einem juristischen Bagatelldelikt wie der Körperverletzung durchaus möglich ist. Für den Steuerberater und die anderen infizierten Opfer war das angesichts ihrer massiven körperlichen Erkrankung und der erlittenen seelischen Verletzungen immerhin ein kleiner Trost.

Für die Dame hingegen Grund genug, sich dem Zugriff der Behörden zu entziehen und sich noch vor dem Gerichtsverfahren nach Thailand abzusetzen. Damit war es dann auch schon wieder vorbei mit dem Trost der gehörnten Männer. In Ermangelung eines habhaften Angeklagten kam es deshalb zu keinem Urteil, denn gegen einen abwesenden Angeklagten kann nach deutschem Recht kein Gerichtsverfahren geführt werden. Eine Vergeltung oder Genugtuung für die Opfer blieb mithin aus.

Aber wie war das möglich? Wie konnte die Dame trotz des laufenden Verfahrens ins Ausland flüchten und den Steuerberater damit noch ein weiteres Mal vor den Kopf stoßen?

Ganz einfach: Nicht jedes strafrechtliche Ermittlungsverfahren führt noch vor dem Gerichtsprozess zu einer vorläufigen Festnahme und Untersuchungshaft. Juristisch betrachtet wäre dies auch kaum verhältnismäßig. Denn selbst im Falle einer Verurteilung hätte die Beschuldigte aufgrund des bloßen Tatvorwurfs einer einfachen Körperverletzung nicht zwingend in Haft landen müssen – gleichwohl Staatsanwalt und Steuerberater dies natürlich mit Nachdruck forderten. Zudem konnte sie einen festen Wohnsitz und Arbeitsplatz vorweisen, weshalb die Behörden keine begründete Sorge einer Flucht haben mussten. Denn eine Fluchtgefahr muss durch bestimmte Tatsachen belegt sein, die eine Inhaftierung noch vor einer Verurteilung erst rechtfertigen würden. Auslandskontakte, größeres Vermögen im Ausland, keine gefestigte soziale Bindung im Inland, ein missglückter Fluchtversuch und so weiter. Und davon unberücksichtigt bleibt dann immer noch die Frage der Unschuldsvermutung. Denn schließlich gilt man in Deutschland so lange als unschuldig, bis ein Gericht einen rechtskräftig verurteilt. Sprich, jemanden noch vor einem gerichtlichen Urteil wegzusperren, kann und darf – mit Ausnahme von ganz schweren Verbrechen oder einer erheblichen Wiederholungsgefahr – nur der Ausnahmefall bleiben.

Eine Festsetzung der Dame im Vorfeld der Anklage und Gerichtsverhandlung war der Staatsanwaltschaft also schlicht nicht möglich, zumal sie auch bezüglich einer etwaigen Wiederholungsgefahr davon ausging, dass mit Entdeckung ihrer Taten, der Frau ihr Unrecht zumindest so weit vor Augen geführt war, dass sie von nun an geschützten Geschlechtsverkehr betreiben würde.

Die Flucht der Beschuldigten war aber natürlich noch lange kein Grund für die Staatsanwaltschaft, die Ermittlungen gegen sie fallen zu lassen. Es erging ein internationaler Haftbefehl gegen sie. Schließlich muss das Strafgesetz neben der Genugtuungsfunktion, die es den Opfern schuldet, auch eine gewisse Abschreckung entfalten, die nicht gerade groß wäre, könnte man sich nach jedweder Straftat einfach ins Ausland absetzen und dort unbehelligt weiterleben.

Unser Fall nahm aber eine ungeahnte Wendung: Einige Wochen nach der Fahndungsausschreibung ging bei den deutschen Behörden ein Dokument ein, das den plötzlichen Tod der Beschuldigten attestierte. Der Totenschein war durch die Botschaft in Bangkok offiziell beglaubigt. Damit wurde das Strafverfahren wegen eines unüberwindbaren Verfahrenshindernis für beendet erklärt. Denn gegen Tote wird in Deutschland nicht (mehr) ermittelt. Absolute Prozess- und Verfahrensvoraussetzung, um strafrechtlich gegen jemanden vorzugehen, ist, dass er lebt – ein sinnvolles Vorgehen, denn welche irdische Strafe soll man gegen einen Toten schon verhängen?

Für die deutschen Behörden war der Fall mit Abheften des Totenscheins abgeschlossen. Der rachsüchtige Exfreund hingegen hegte erhebliche Zweifel am Tod der Flüchtigen, die, und jetzt halten Sie sich fest, in einer Krokodilfarm Suizid begangen haben sollte.

Ja, Sie lesen richtig. Als Todesursache wies der Totenschein einen Tod durch den Sprung in ein bis zum Rand mit Krokodilen gefülltes Becken aus. Und das war nicht einmal das Ungewöhnliche an der Geschichte. Denn es ist in Thailand tatsächlich nicht selten, dass sich ein Lebensmüder bei einem Besuch einer der zahlreichen Krokodilfarmen, die als große Touristenattraktionen gelten, in den Tod stürzt. Man kaufe sich für zwei läppische Euro eine Eintrittskarte, warte die Fütterungszeit ab und springe beherzt über den bauchnabelhohen Handlauf in das Becken. Die Krokodile erledigen dann den Rest. Und zwar so gut, dass wirklich nichts von der unerwarteten Speise übrig bleibt.

Sie werden nicht überrascht sein, dass die Betreiber von Krokodilfarmen deshalb stark aufgerüstet haben. Doch nicht etwa in mannshohe Zäune haben die Betreiber investiert, sondern in eine Vielzahl von Überwachungskameras, um Schadensersatzforderungen und sonstige Vorwürfe von sich weisen zu können.

Der Freitod in einer Krokodilfarm erschien den thailändischen Behörden angesichts der wachsenden Suizidrate in diesen Anlagen und dem Hang der Täterin zur Melodramatik daher durchaus plausibel. Nachfragen hatte es keine gegeben, und auch für die deutsche Botschaft war es nur noch Formsache gewesen, die Dokumente der thailändischen Kollegen amtlich zu beglaubigen.

Der Steuerberater war nicht nur entsetzt, als er hiervon hörte, er glaubte dem Ganzen auch schlicht kein Wort. Denn lebensmüde war seine Ex ganz sicher nicht – zu sehr hatte sie ihr Leben immer in vollen Zügen genossen –, ganz abgesehen von der Tatsache, dass sie sich als angeblich Lebensmüde dann auch fortan ihre teuren Medikamente zur Behandlung ihrer HIV-Erkrankung hätte sparen können. Kurzum, er engagierte einen teuren Privatdetektiv, denn die deutschen Behörden wollten von seinen als bloßem Verfolgungseifer abgetanen Verschwörungstheorien nichts weiter hören. Ein behördlich gestempeltes Dokument eines deutschen Amtes sei schließlich über jeden Zweifel erhaben. Und wer auf dem Papier als tot gilt, ist auch tatsächlich tot, so des deutschen Beamten Devise.

Interessanterweise fand der Detektiv heraus, dass es an dem bescheinigten Todestag in der bezeichneten Krokodilfarm überhaupt keinen Zwischenfall gegeben hatte. Und nicht nur das: Landesweit war es in keiner der Farmen zu einem Suizid gekommen. Denn bei dem im Totenschein ausgewiesenen Todestag handelt es sich um einen hochheiligen thailändischen Feiertag, an dem selbst Krokodilfarmen – außer für die Krokodile – geschlossen haben.

Mehr als verdächtig erschien dem Detektiv außerdem, dass nach dem Todestag weiterhin Rezepte für Medikamente zur HIV-Behandlung auf den Namen der angeblich Toten in diversen Apotheken eingelöst worden waren. Und nur wenige Tage vor dem Eingang des Totenscheins in der deutschen Botschaft, aber ausweislich nach dem vermeintlichen Sterbedatum war eine größere Summe Geld vom Bankkonto der Täterin abgehoben worden, und zwar ausgerechnet in unmittelbarer Nähe der berühmt-berüchtigten Khao San Road in Bangkok. Für alle Leser, die noch nicht die Gelegenheit hatten, nach Bangkok zu reisen: In der Khao San Road gibt es nichts, was es nicht gibt. Mehr oder weniger zwielichtige Gestalten bieten den unzähligen feierwütigen Touristen gebratene Vogelspinnen, gefälschte Markenware, leicht bekleidete Damen und einen bunten Strauß Drogen an, und das alles im Beisein korrupter Polizisten. Neben Zuhältern, die den Besuchern gerne zwischen fünfzig und hundert Mädchen jedweden Alters auf laminierten Speisekarten anbieten, gibt es dazu auch zahlreiche Dokumentendealer, die binnen Minuten amtliche Dokumente fälschen, vom Lufthansa-Pilotenausweis über einen amerikanischen Führerschein bis hin zum thailändischen Totenschein. Dem Steuerberater waren die Gepflogenheiten auf der Khao San Road bestens bekannt – schließlich hatte seine Exfreundin ihm erst kurz vor dem abrupten Ende ihrer Beziehung begeistert von ihrer »Geschäftsreise« nach Bangkok erzählt und ihm sogar zum Spaß ein Abschlussdiplom der berühmten Oxford University mitgebracht – das bis zur Trennung über seinem Büroregal im edlen Holzrahmen gehangen hatte.

Wer nun schlussfolgert, dass der Staatsanwaltschaft beim Anblick dieser Auflistung von »seltsamen Zufällen« gewisse Zweifel am Tod der Exfreundin kommen und sie das eingestellte Strafverfahren wieder aufnehmen musste, der irrt. Denn in Deutschland herrscht ein ausgeprägter Glaube an öffentliche Urkunden, erst recht, wenn ein dicker Behördenstempel selbige besiegelt. Und den hatte das deutsche Konsulat in Thailand immerhin auf das Papier gedrückt. Und obwohl der Stempel lediglich den anonymen Eingang der thailändischen Todesurkunde bestätigte und es den Recherchen des Privatdetektivs zufolge sogar durchaus möglich war, dass die Verstorbene ihren eigenen Totenschein noch selbst an das deutsche Konsulat schickte, bei der Staatsanwaltschaft interessierte das niemanden mehr. Denn die Verfahrensakte war bereits im hintersten Winkel des Archivs verschwunden. Und es musste auch niemanden mehr interessieren. Denn ob ein absolutes Verfahrenshindernis besteht, entscheidet die Staatsanwaltschaft im sogenannten Freibeweisverfahren. Die Behörden dürfen demzufolge ganz ungezwungen und frei von den sonst so strengen Beweisregeln des Strafrechts prüfen, ob das Verfahrenshindernis wirklich vorliegt. Das behördlich beglaubigte Schriftstück erschien den Beamten jedenfalls als völlig ausreichend. Auf die umfangreiche und gut begründete Beschwerde des Steuerberaters bemühte die Staatsanwaltschaft mehr oder weniger lapidare Erklärungsversuche: Die Abhebungen könnten Kriminelle oder nicht näher bekannte Mitreisende getätigt haben. Auch sei nicht auszuschließen, dass einer der Krokodilfarmmitarbeiter den Geldbeutel der Verspeisten aus dem Wasser gefischt hatte. Außerdem sei gerichtsbekannt, dass bürokratische Abläufe in Thailand nicht so eng gesehen würden und sich die Krokodilfarm durchaus bei den Aufzeichnungen geirrt haben könnte. Selbstverständlich wurde im selben Zusammenhang wieder auf die überragende Beweiskraft des Totenscheins hingewiesen; diesen ziere immerhin der Eingangsstempel der deutschen Botschaft, sodass man guten Gewissens davon ausgehen könne, dass die deutschen Amtskollegen das Dokument mit der preußisch gewohnt korrekten Bürokratie geprüft hätten!

Es verhält sich also doch alles genau so, wie es sein sollte: Das deutsche Strafrecht entfaltet neben der Genugtuungsfunktion, die es den Opfern schuldet, auch eine gewisse Abschreckung. Setzt sich ein Täter ins Ausland ab, so wird er dort mit allen Mitteln verfolgt – es sei denn, er schickt einen gefälschten Totenschein ein.

Und so ist es versierten Kriminellen und damit auch leibhaftigen Mördern offenbar doch möglich, das perfekte Verbrechen oder gar den perfekten Mord zu begehen: Hätte die Exfreundin ihren Freund kaltblütig erschossen, anstatt ihn mit HIV zu infizieren, wäre das Ergebnis wohl dasselbe: ein Leben in Freiheit und Unbekümmertheit in Thailand.

Und angesichts der laxen Prüfung durch die deutschen Behörden will man nicht darüber nachdenken, welche Möglichkeiten sich einem skrupellosen Mörder eröffnen, wenn dieser einen Totenschein nicht etwa für sich selbst fälschen ließe, sondern gleich für ein späteres Opfer.

Der Steuerberater fahndet derweil weiter nach seiner ehemals großen Liebe. Und es steht zu vermuten, dass er sich bitter an ihr rächen wird, sollte er sie jemals finden. Zu befürchten hätte er dann ja nicht viel: Immerhin ist sie aus Sicht der deutschen Behörden längst tot. Und Tote kann man bekanntlich nicht mehr töten.

MORDSBERUFE

Bis ich als Anwalt zugelassen wurde, finanzierte ich mein Leben als Student mit einem Nebenjob. Ich arbeitete als Rettungssanitäter. Die Ausbildung hierzu hatte ich nach unzähligen Wochenendkursen und Praktika noch während meiner Schulzeit abgeschlossen und konnte davon als Student ganz gut leben.

An keinem anderen Ort begegnet man so vielen verschiedenen Menschen aus den verschiedensten Gesellschaftsgruppen wie in der Notfallrettung. Hier gibt es keinen Unterschied zwischen Arm und Reich, Gebildet und Ungebildet oder Jung und Alt. In der Notaufnahme sind alle Menschen gleich. Ob ein obdachloser Junkie oder ein gestresster Topmanager mit einem Herzinfarkt eingeliefert wird – beide verspüren Schmerz im gleichen Organ, ohne Unterschied.

Dieses Verschwimmen der Grenzen konnte ich auch unter den Sanitätern beobachten: Egal ob ehrenamtlich, nebenamtlich oder hauptberuflich, es arbeitete dort kaum ein Kollege, der nicht zuvor oder parallel noch aktiv in irgendeinem anderen Beruf tätig war. Wie bei den

Patienten deckten auch die erlernten Berufe der Rettungssanitäter das gesamte gesellschaftliche Spektrum ab: Koch, Schreiner, Apotheker, Polizist, Metzger, Soldat, Bestatter, Müllmann, Versicherungskaufmann, Zahnarzt oder eben angehender Jurist.

Und doch waren wir alle in unserer Arbeit als Rettungssanitäter vereint. Ich lernte also nicht nur über die Patienten, sondern auch über die Kollegen Bereiche des Lebens kennen, die sich mir über das Jurastudium allein nie erschlossen hätten.

An einen Abend kann ich mich noch ganz besonders gut erinnern. Zusammen mit fünf Sanikollegen ließ ich den Feierabend in einem nahe zur Rettungswache gelegenen Wirtshaus ausklingen. Mit von der Partie waren ein im Rettungsdienst ehrenamtlich tätiger Metzger, ein hauptamtlicher Friedhofsmitarbeiter, ein ehemaliger Mitarbeiter der städtischen Müllabfuhr, ein Notarzt und ein pensionierter Apotheker.

»Da bleibt nix übrig!«, polterte der klein gewachsene, dafür aber umso dickere Metzger mit Mondgesicht und Zwirbelbart in die Runde, als die adrette Bedienung die Schlachtplatte mit Leberwurst, Schinken, Speck, etwas Mett und dunklem Bauernbrot auf den Tisch stellte.

Er hatte am vergangenen Wochenende bei einem Bekannten eine Hausschlachtung durchgeführt. Hin und wieder verdiente sich der gelernte Metzger so etwas zu seinem Gehalt dazu. Seine Kunden waren kleinere Landwirtschaftsbetriebe, Biometzgereien oder Jäger, für die er Schweine, Rinder, Lämmer und Wildtiere fachgerecht ausweidete und zu Schnitzel, Kotelett, Steak, Wurst und allerlei anderen Leckereien verarbeitete, damit sie nicht zu den entlegenen Schlachthöfen fahren oder sich selbst die Hände schmutzig machen mussten. Irgendjemand aus unserer illustren Runde hatte wissen wollen, wie so eine Schlachtung vonstattengeht, und just diese Antwort, dass dabei nichts übrig bliebe, erhielten wir darauf. »Gar nix bleibt da übrig!«, wiederholte der Metzger mit einem selbstzufriedenen Grinsen und nahm einen tiefen Schluck von seinem Weißbier.

Gut, mir leuchtete ein, dass man neben dem Filet, dem Vorderschinken, den Rippchen und der Bauchschwarte gerade in ländlichen Regionen auch Blut und Leber verarbeiten und auch Organe wie Nieren, Herz und Lunge als Delikatesse an den ein oder anderen Mann bringen kann. Aber was war mit den Hufen, dem Schwanz, den Ohren oder gar dem ganzen Kopf?

»Das gibt eine schmackhafte Fleischbrühe!«, rief mir der Metzger lachend über den Tisch hinweg zu, während er beherzt von seinem Mettbrötchen abbiss. »Ich sag's euch, Freunde, da bleibt nix übrig!«, bekräftigte er noch mal mit einem breiten, selbstgefälligen Grinsen. Der Kollege erzählte sehr gerne von seiner Arbeit, und das mittlerweile dritte Weißbier brachte ihn erst so richtig in Fahrt. »Einen Menschen könnte ich so auch spurlos verschwinden lassen!«, fügte er mit konspirativem Blick in die Runde hinzu, ehe wir ihn nach einem kurzen Moment ungläubigen Schweigens mit frenetischem Gelächter feierten und die Gläser klirren ließen. Er war ein guter Kerl mit einem deftigen Humor, der garniert war mit einem Hauch von Ironie.

Jetzt schaltete sich der Notarzt in das Gespräch ein:

»Aber was machst du dann mit den Knochen? Mit dem Schädel, mit den Zähnen? Allein am Gebiss kann man einen Menschen noch über Jahrzehnte problemlos identifizieren. Die Knochen wirst du in deinem Fleischfond nicht wegkochen können!« Er grinste mindestens ebenso breit wie der Metzger, in der festen Überzeugung, hier die Schwachstelle des Plans gefunden zu haben.

Der Kollege hatte nicht ganz unrecht. Wenn man die ausgekochten Knochen eines Menschen bei dem Metzger fände, käme er in einige Erklärungsnot. Anders gesagt: Wo zerstückelte Leichenteile auftauchen, da ist die Mordkommission nicht weit.

Dieser Einwand verunsicherte sogar den recht selbstsicheren Metzger – aber nur für einen kurzen Moment: »Gut«, sagte er, »bei Hausschlachtungen landen Tierabfälle auf dem Kompost, das geht natürlich nicht, eine Leiche im Kompost fällt auf. Aber mein Mordopfer würde ich ja auch nicht auf den Kompost werfen, sondern in meiner Metzgerei verarbeiten, da bleiben auch keine Knochen übrig – da bleibt gar nix übrig!«, triumphierte er.

Unser Müllmann musterte erkennbar angeekelt sein Mettbrötchen: »Landet das ganze Zeug dann in der Wurst?«, fragte er mit vollem Mund, augenscheinlich um die Antwort des Metzgers abzuwarten, ehe er sich entscheiden würde, ob er das halb zerkaute Mettbrötchen herunterschlucken wollte oder nicht.

Der Metzger lachte und versicherte zu unserer allgemeinen Erleichterung, dass Innereien, Augen, Hirn, Zähne oder zermahlene Knochen – anders als oft behauptet – nicht in Würsten oder Leberkäse landen: »Im Gegenteil, nur ein Drittel von einem geschlachteten Tier kommt auf den Teller. Aber verwerten kannst du alles!« Er erzählte uns wortreich von der sogenannten »Verwertungskette der Schlachtnebenprodukte«. Wie etwa abgeschnittenes Fett zerkleinert und bei 93 Grad geschmolzen wird, sodass es zuletzt als Saucenbinder taugt. Wir erfuhren, dass aus den Gedärmen Wursthäute gefertigt werden und aus dem Darmschleim ein Medikament gegen Blutgerinnung gewonnen wird. Dass die nicht verkäuflichen Innereien in einem Cutter zu Haustier- und Fischfutter verarbeitet und dass Klauen, Hufe, Zähne, Knochen und Hörner zu Dünger für die Landwirtschaft zerschreddert werden. Sollte dann noch etwas übrig bleiben, werde es zu einer Art Brei gemixt, getrocknet, gepresst und dann als Brennstoff für Heizöfen verkauft. Der Metzger erzählte das alles mit stetig wachsender Begeisterung und gönnte sich dabei ein weiteres Weißbier. »Ein berühmter Mann hat mal gesagt: Es ist dem Tier gegenüber unanständig, es nicht von Kopf bis Fuß zu verwerten!« Nach einer kurzen Kunstpause – er wartete gekonnt unser Gelächter ab – kam er wieder auf die aus seiner Sicht effiziente Beseitigung von Mordopfern in der Metzgerei zurück: »Ob da ein Mensch oder ein Viech verwertet wird, das ist gehupft wie gesprungen, da macht der Schredder keinen Unterschied! Und wenn es schnell gehen muss, dann dreh ich mein Opfer gleich als Ganzes durch den Fleischwolf, danach hau ich die Reste in den Cutter, und daraus mach ich eine feine Zervelatwurst. Das würdet ihr alle nicht merken, so fein, wie mein Cutter arbeitet – und so gut, wie meine selbst kreierte Würzmischung ist. Die Wurst würde sich gut verkaufen!«

Das hätte man jetzt einfach so stehen lassen können,

aber wie es in solchen zugegeben testosterongetragenen Männerrunden dann und wann so ist, blieb der Metzger nicht der Einzige, der zu diesem Thema etwas Konstruktives beizutragen hatte.

Der Friedhofsmitarbeiter ließ es sich nicht nehmen, seine berufliche Expertise zur Leichenbeseitigung beizusteuern, immerhin war er vom Fach.

»Damit würdest du doch nie im Leben durchkommen! Wenn du in deiner Metzgerei einen Menschen nach allen Regeln der Kunst zerteilst, findet sich da am Schluss mehr DNA als in einer Samenbank! Die müssen nur den leisesten Verdacht haben, und schon fliegst du auf!«

Da hatte der Kollege wohl nicht ganz unrecht. Für einen perfekten Mord ohne Leiche wäre es schon nötig, keine anderen Spuren zu hinterlassen, also kein Blut oder andere organischen Stoffe, die auf einen Mord hindeuten. Der Friedhofsmitarbeiter, der ebenfalls bereits bei seiner dritten oder vierten Halben angekommen war, erntete Zustimmung, was ihn anspornte: »Männer, ich sag euch eins, wenn ich einen umbringen wollte, ich würde ihn einfach nachts in ein frisch ausgehobenes Grab werfen und es dann zuschütten. Wer sucht denn schon auf dem Friedhof nach einer Leiche? Den Leichenspürhund wird man sich da jedenfalls sparen können!«

Durch das zustimmende Gelächter in der Runde redete er sich erst so richtig in Rage: »Und wenn ich ganz sichergehen wollte, dann würde ich die Leiche gleich in einen unserer Kremationsöfen stecken! Nach einer Stunde bei 1000 Grad bleibt wirklich nix mehr übrig!« Er imitierte den Sprachduktus des Metzgers, der den Spaß sportlich nahm und seinem Spezi lachend zuprostete. »Und ich müsste den Ofen nicht mal anschüren! Die brennen bei uns vierundzwanzig Stunden am Tag durch, das ist billiger, als sie abends auszuschalten und morgens wieder hochzufahren. Und wie gesagt, da bleibt nix übrig – höchstens eine Schaufel voll Asche, die findet locker Platz in einer der vielen anderen Urnen!«

Klang jedenfalls sehr plausibel, was der Kollege da erzählte. Nach seiner Schilderung war es sogar erschreckend einfach, im Krematorium Leichen zu beseitigen. Er erklärte uns, dass dort zwar jeder für die Einäscherung registrierte Tote in den meisten Bundesländern nochmals durch einen Leichenbeschauer von der Rechtsmedizin begutachtet wird; doch ob da nach der Leichenschau noch eine Leiche einfach unbemerkt mit in den Sarg gelegt oder gar gleich still und heimlich nachts in den Brennofen gesteckt würde, das bekäme kein Mensch mit. »Ach, und in Bayern gibt es zum Beispiel gar keine zweite Leichenschau vor der Einäscherung. Da kann man die Leiche verbrennen, ohne dass ein Offizieller noch mal drübersieht.«

Was die Überreste einer solchen Einäscherung angeht, schilderte er eindrücklich, dass nach einer solchen von dem Verstorbenen wirklich »nix übrig bleibt: Der Sarg wird mit einem Rollgestell in den Ofen befördert, der sich auf Knopfdruck kurz öffnet und sofort wieder schließt. Bevor die Ofentür zu ist, steht da schon alles lichterloh in Flammen!«, erzählte der Bestatter sichtlich stolz. »Und nach einer Stunde machen wir den Ofen wieder auf. Da liegt dann ein verkohltes Skelett in der Glut. Das passt so aber noch nicht in die Urne. Also nehmen wir eine Metallschaufel, das ist eine Spezialanfertigung, und mit der flachen Seite hauen wir ordentlich auf die Überreste und kratzen sie dann so weit nach vorne, dass sie durch ein Loch im Ofen fallen, direkt in einen Auffangbehälter. Den leeren wir dann in den Häcksler, und nach zwei Minuten hast du feinsten Aschestaub, so einen halben Maßkrug voll.« Er nahm noch einen tiefen Schluck Bier. »Mit DNA geht da gar nix mehr. Einfach nur Asche.« Für einen kurzen Moment herrschte betretenes Schweigen am Tisch. Offenbar war ich nicht der Einzige, der angesichts dieser pietätvollen Schilderung diese Art der Bestattung für mich persönlich von nun an kategorisch ausschloss.

Der ehemalige Mitarbeiter der städtischen Müllabfuhr ergriff das Wort: »Gut, wenn du deine Leiche mal in den Ofen gebracht hast, dann bleibt nix übrig. Aber wie bekommst du sie da hin? Du sagst ja selbst, dass da Gerichtsmediziner rumlaufen, und wenn du nachts irgendwelche Leichen verbrennst, braucht dich nur irgendwer beim Ein- oder Ausladen zu sehen, und schon bist du dran. Aber wenn ich früher mit dem Müllwagen in die städtische Verbrennungsanlage gefahren bin, gab es da keine Kontrollen. Da gibt es auch keinen Gerichtsmediziner, und unser Ofen hat sicher mehr als 1000 Grad!«

Es entwickelte sich ein regelrechter Wettbewerb, welche Berufsgruppe bei der Arbeit den perfekteren Mord begehen könnte. Der Müllmann hörte gar nicht mehr auf, von der Verbrennungsanlage zu schwärmen: »Wenn der Mülllaster voll beladen war oder wir unsere Runde abgefahren hatten, dann fuhren wir auf direktem Wege zur Müllverbrennungsanlage. Dort wurde der Wagen nie kontrolliert, nur elektronisch gewogen, aber das auch nur wegen der Müllgebühren. Dann ging's weiter zu einem dieser Anliefertore, bei uns waren das zehn, und der ganze Abfall wurde rückwärts in den Müllbunker gekippt. Da wird das Ganze gut durchgemischt, damit es besser brennt. Das wiederum macht ein Kranführer, der aber gut fünfzig Meter weiter oben sitzt und nix von dem Müll mitbekommt, den er da umschichtet. Zumal der Müllbunker etwa fünfzehn Meter tief ist, ein riesiger Graben und dazu noch schlecht beleuchtet. Und der Kranführer mischt einige Tausend Tonnen Müll durch, dem fällt da nichts auf, glaubt mir, außerdem war der sowieso den ganzen Tag besoffen! Und vom Bunker geht's auch schon in den Trichter vom Hochofen, und da, meine Freunde, da bleibt ganz bestimmt nix übrig! Wenn wir da ab und an 'ne Leiche reingeschmissen hätten, gut verpackt in Müllbeuteln, da hätte kein Mensch was mitbekommen.« Der Müllmann beendete seinen Monolog und prostete in die Runde, dann setzte er noch einmal an: »Ihr denkt alle viel zu kompliziert. Mit Müll will keiner was zu tun haben, selbst wir Profis schauen, dass wir möglichst wenig Kontakt mit dem Zeug haben. Ehrlich gesagt wäre uns vermutlich nicht mal beim Abholen des Hausmülls aufgefallen, wenn da eine Leiche drin gewesen wäre, schon gar nicht, wenn die schön in Einzelteilen verpackt ist oder mit Küchenabfällen vermischt. Mit der Zeit verliert man ohnehin jeglichen Geruchssinn. Wenn ich allein an die Babywindeln denke, die jeden Tag im Hausmüll landen. Und was da sonst so im Müll ist, das interessiert uns herzlich wenig, ist eh immer das Gleiche!«

Ich musste unwillkürlich an all die vermisst gemeldeten Personen denken. Etwas beklemmend war es ja schon, wie die Kollegen ganz ungeniert von der perfekten Leichenbeseitigung schwärmten.

Als angehender Jurist, dessen Handwerkszeug sich auf dicke Gesetzesbücher beschränkt, mit denen man allenfalls Ungeziefer totschlagen kann, war ich in unserer illustren Diskussionsrunde fast ein wenig außen vor. Umso mehr fühlte ich mich dazu berufen, die scheinbar perfekten Pläne meiner Kollegen zu relativieren. »Es stimmt, wird keine Leiche gefunden und auch keine Spuren einer Leichenbeseitigung, dann kann man ein Verbrechen nur schwer nachweisen. Aber ausgeschlossen ist es nicht. Unsere Gerichte können nämlich entgegen der landläufigen Meinung einen Angeklagten auch verurteilen, wenn die Leiche nie gefunden wird – sogar wegen Mordes.« Schlagartig hatte ich die Aufmerksamkeit der Runde auf meiner Seite.

»Es genügt, wenn die Richter davon überzeugt sind, dass jemand Opfer eines vorsätzlichen Tötungsdeliktes wurde. Einfach ist das natürlich nicht, da braucht es schon eine ganze Handvoll Indizien oder Beweise. Selbst Blutspuren oder Videoaufzeichnungen der Leichenbeseitigung würden allein wohl nicht ausreichen, denn dann weiß man ja noch nicht, wie das Opfer gestorben ist – ob es sich nun um Mord, Totschlag, fahrlässige Tötung, Sterbehilfe oder um einen straflosen Suizid handelt. Dann wäre die bewiesene Beseitigung der Leiche allenfalls eine Störung der Totenruhe – wobei, im Krematorium könnte man darüber auch noch streiten.« Die alkoholisierte Runde brach erneut in Gelächter aus.

»Aber wenn es Zeugen gibt, die etwas Tatrelevantes gesehen haben, zum Beispiel wie der Metzger mit seinem Hackebeil auf das noch lebende Opfer eingeschlagen hat, dann wird es schon schwieriger mit dem perfekten Mord. Und oft gibt es auch zahlreiche Indizien für einen Mord, denn fast alle Mörder machen Fehler: Das Handy, das sich während der Tat im Funknetz einloggt, DNA-Spuren des Täters am Testament, von dem er erst nach dem Tod gehört haben will, ein lautstarker Streit, von dem die Nachbarn nur allzu detailliert berichten können, oder vorab besorgte Mordwerkzeuge im Internet oder im Baumarkt um die Ecke. Und das Wichtigste: Hinter fast jedem Mord steckt ein Motiv, ob Eifersucht, Rache, Streit, Geldnot, Hass et cetera – die Polizei muss sich im Umfeld des Verstorbenen nur ein wenig umhören, und schon sind Verdächtige nicht weit. Wenn der mutmaßlich Verschwundene, Abgetauchte oder Ausgewanderte in der heutigen Zeit der globalen Vernetzung nie wieder etwas von sich hören lässt, kein Geld abhebt, von niemandem je wieder gesehen wird und Personen aus seinem Umfeld eine hohe Lebensversicherung oder ein ansehnliches Erbe ausbezahlt wird, lohnt es sich, einen Blick auf die Umstände des Verschwindens zu werfen. Irgendetwas findet die Mordkommission dann immer. Denn selbst die spurlose Beseitigung der Leiche und aller anderen Spuren der Tat garantieren noch nicht den perfekten Mord. Auch wenn es ohne die Leiche schwieriger für Gerichte und Ermittlungsbehörden wird, da sich die meisten Spuren zum Tatgeschehen an der Leiche selbst finden.«

Wer jetzt glaubt, die schon recht angeheiterte Runde wäre durch diesen Vortrag meines studentischen Halbwissens eingeknickt, weit gefehlt! Vielmehr herausgefordert, schalteten sich nun auch die beiden Akademiker in der diskussionsfreudigen Tischrunde in das Gespräch ein. Zunächst teilte uns der Notarzt seine fachliche Sicht auf die Dinge mit: »Wenn bei meinen Einsätzen im Rettungsdienst einer stirbt, dann kreuze ich immer an: ungeklärte Todesursache. Ich habe einfach keine Lust, für knapp 30 Euro eine Leichenschau durchzuführen, und als Notarzt bin ich dazu zum Glück auch nicht verpflichtet. Aber die meisten anderen Kollegen bescheinigen eine natürliche Todesursache. Aber eigentlich machen die es richtig, wenigstens nehmen die die 30 Euro Leichenschaugebühr noch mit, ohne aber die dafür nötige Arbeit zu machen. Jedenfalls schaut da niemand mehr genauer hin, wenn es mal einen Leichenschein gibt, der eine natürliche Todesursache ausweist. Und wenn keiner ermittelt, passiert dir auch nichts. So eine Leiche musst du als Mörder dann also gar nicht mehr beseitigen. Solange du einen Totenschein hast, erledigt das dann der da.« Der Notarzt blickte mit einem verschmitzten Lächeln auf den Friedhofsmitarbeiter, der dem Notarzt schon fast neidvolle Blicke zuwarf, so einfach, wie es für ihn als Arzt schien, jemanden umzubringen, ohne dabei erwischt zu werden. »Und das Beste ist«, fuhr der Notarzt fort, »als Arzt könnte ich meinem Opfer gleich selbst den Totenschein ausstellen.«

Ich ahnte, dass er recht hatte: Er war der einzige Notarzt, den ich kannte, der sich bei erfolglosen Rettungseinsätzen weigerte, eine natürliche Todesursache zu bescheinigen, ohne dies ganz sicher zu wissen. Seine anderen Notarztkollegen waren da deutlich unkritischer und stuften die Todesursache im Regelfall ohne große Überprüfung als natürlich ein. Der Notarzt redete sich regelrecht in Rage: »Die meisten Ärzte führen also keine ordentliche Leichenschau durch, aber wenn ich wirklich jemanden umbringen wollte, würde ich mich darauf auch nicht verlassen. Ich würde ihm eine Überdosis Kalium injizieren – am besten in meinem eigenen Einsatzgebiet kurz vor meiner Schicht. Sollte dann wider Erwarten noch jemand den Notarzt rufen, wäre ich selbst zur Stelle. Dann behaupte ich einfach, dass jede Hilfe zu spät kam, und bescheinige dem Patienten eine natürliche Todesursache wegen Herzversagens. Selbst wenn dann noch eine komplette Autopsie durchgeführt würde, könnte ich mich entspannt zurücklehnen. Wer verdächtigt schon den Notarzt? Zumal eine tödliche Überdosis Kaliumchlorid später nicht mehr nachgewiesen werden kann. Das Kaliumchlorid tritt nämlich schon wenige Stunden nach dem Tod eines Menschen aus den Körperzellen aus und geht ins Blut über, wo aufgrund der Blutgerinnung nach Eintreten des Todes exorbitant hohe Kaliumkonzentrationen völlig normal sind. Ein Rechtsmediziner würde also selbst bei einer genauen Blutuntersuchung keinen Verdacht schöpfen. Das wäre der perfekte Mord!«

Mit einem triumphierenden Grinsen beendete der Notarzt seinen Monolog. Für einen Moment war es still in der Runde, es wusste keiner mehr so recht etwas zu sagen. Kein Wunder! Während die Pläne der Vorredner eher um handfeste Themen kreisten, zu denen jeder seinen Senf dazugeben konnte, wussten wir mit Kaliumchlorid recht wenig anzufangen. Bis auf den ortsansässigen Apotheker natürlich, der ruhig zugehört hatte und nun das Wort ergriff: »Eure Pläne sind gut, und wahrscheinlich würdet ihr alle damit durchkommen. Aber perfekt ist keiner eurer

Morde, auch der von unserem Mediziner nicht. Wobei ich zugeben muss, dass die Idee mit dem Kalium funktionieren könnte. Aber inzwischen können chemisch-toxikologische Labors mithilfe der Massenspektrometrie und Hochdruck-Flüssigkeitschromatografie so ziemlich alle Substanzen in Körperflüssigkeiten oder Organen identifizieren. Da ist es deutlich schwerer geworden, jemanden mit Giften, Medikamenten oder Gasen so zu töten, dass es im Nachhinein nicht nachweisbar ist. Das war in meiner Studienzeit vor vierzig Jahren noch ganz anders.« Er zwinkerte verschwörerisch in die Runde – offensichtlich machte er sich nicht zum ersten Mal Gedanken über den perfekten Mord. »Seht mal, bei jeder Obduktion werden routinemäßig Urin, Blut, Mageninhalt und Organe entnommen, sodass auch bei späterer Verdachtslage auf schon asserviertes Material zurückgegriffen werden kann. Über den Urin wird der Großteil aller Substanzen ausgeschieden, ob in unveränderter Form oder nach Verstoffwechselung. Anhand von Blutanalysen lassen sich Aussagen über den Todeseintritt treffen, auch über Wirkstoffkonzentrationen oder die letztmalige Aufnahme von letalen Substanzen. Der Mageninhalt lässt Rückschlüsse auf die Einnahme von Substanzen kurz vor dem Tod zu.

Aber selbst wenn keine Körperflüssigkeiten vorhanden sind, können beispielsweise aus der Galle, der Leber und der Niere Rückschlüsse auf eine regelmäßige Aufnahme von Gift gezogen werden. Auch lassen sich in Gelenkflüssigkeit viele Stoffe länger nachweisen. Für Toxikologen sind vor allem Untersuchungsmaterialien interessant, in denen keine Enzymaktivität vorliegt, da viele Fremdstoffe auch noch nach dem Tod im Blut oder in

Organen durch aktive Enzyme und Bakterien verändert werden. Die Glaskörperflüssigkeit des menschlichen Auges ist da besonders interessant. Und Haare dienen ja schon seit längerer Zeit als Beweismittel vor Gericht. Je nach Haarlänge sind Drogen, Medikamente, Alkohol und andere Fremdstoffe noch mehrere Monate nach dem Konsum nachweisbar. Und selbst wenn man Jahre später eine Leiche exhumiert, ermöglichen moderne Extraktions- und Analysetechniken den Nachweis diverser Substanzen und Stoffe, die aus der Leiche ins Erdreich diffundieren. Hierfür kommen auch die Insekten an den sterblichen Überresten infrage. Und man kann sich Zeit lassen, denn bis zur vollständigen Verwesung vergehen bis zu zwanzig Jahre, je nach Korpulenz des Leichnams und Beschaffenheit des Bodens.

Chemisch-toxikologische Analysegeräte erlauben mittlerweile einen klaren Nachweis von geringsten Mengen tödlicher Substanzen, sodass man auch hier – ähnlich wie bei der DNA – von einem chemischen Fingerabdruck sprechen kann. Dabei können künstlich hergestellte Medikamente ebenso wie fast alle natürlichen Gifte erkannt werden, Ähnliches gilt für Spuren metallischer Gifte wie Arsen, selbst nach einer Einäscherung!«

Die illustre Runde war ob des wissenschaftlichen Vortrags, den der Apotheker fast in einem Zug und aus dem Stegreif von sich gegeben hatte, sichtlich überfordert, und der Konsum diverser Getränke, die auch ohne eine Untersuchung von Körperflüssigkeiten allein am Geruch nachweisbar gewesen wären, tat sein Übriges.

Aber der Apotheker war noch nicht fertig. »Warum ich euch das erzähle? Ob man heute Kaliumchlorid nachweisen kann, weiß ich nicht mit Sicherheit, aber wer sagt denn, dass man es in zehn oder zwanzig Jahren nicht vielleicht kann? Und Mord verjährt nicht. Seht mal, es ist noch nicht lange her, da galt unter Chemikern Insulin als das Mittel für den perfekten Mord. Bei einer Überdosis sorgt Insulin für eine Unterzuckerung des Körpers, die dann zu Sauerstoffmangel im Gehirn und zum Tod führt. Lange Zeit galt der Stoff, den der Körper eines gesunden Menschen selbst bildet, deshalb als ideales Mordwerkzeug, eben weil es keine körperfremde Substanz ist. Außerdem wird es nach dem Tod abgebaut und verschwindet aus dem Blutkreislauf. Damit ist die Überdosis dann nicht mehr nachweisbar. Und auch eine niedrige Blutzuckerkonzentration lässt sich kaum noch nachweisen, weil der Zucker im Blut im Rahmen von Stoffwechselprozessen umgewandelt wird. Kurzum, Todesursache natürlich.« Er legte eine Kunstpause ein und warf einen siegesgewissen Blick in die mehrheitlich geistig bereits zum Bier abgedriftete Runde. »Damals jedenfalls! Aber inzwischen ist eine Überdosis Insulin mithilfe der Massenspektrometrie zumindest dann nachweisbar, wenn man sich nicht nur auf eine reine Blutanalyse beschränkt. Ich gebe zu, bei einem normalen Arzneimittelscreening findet bei der Obduktion keine Spezialanalyse auf Insuline statt, es müsste also ein konkretes Verdachtsmoment vorliegen. Findet man aber Einstichstellen der Nadeln, mit denen sich Diabetiker das Insulin spritzen, kann man das Insulin anhand von Gewebeproben und speziellen Beistoffen, die in der Insulinspritze enthalten sind, leicht nachweisen. Es stimmt schon, die Chancen, die Einstichstelle von so einer feinen Nadel zu entdecken, sind nicht hoch. Würde ich also einen Übergewichtigen, einen Diabetiker oder einen älteren Menschen töten wollen, wäre eine Überdosis Insulin wohl weiterhin eine ziemlich sichere Sache. Der Tod würde sich als Ursache von Fettleibigkeit, Krankheit oder Alter zwanglos in das Gesamtbild einfügen, es würden keine Verdachtsmomente entstehen. Bei einem kerngesunden jungen Mann sähe es da schon anders aus.« Der Apotheker grinste mich breit an. »Du wärst also in Sicherheit, aber bei unserem Metzger hätte ich leichtes Spiel.«

»Ich glaube aber trotzdem, dass es Fälle gibt, in denen sich ein Mord schlicht nicht beweisen lässt«, meldete sich der Apotheker noch einmal zu Wort. Ich sag nur: Tetanus, Dimethylnitrosamin, Carukia barnesi.«

Über das, was uns der Apotheker mit diesen letzten drei Begriffen sagen wollte, konnte ich nur mutmaßen. Unser Gespräch fand an dieser Stelle ein abruptes Ende. Der Apotheker wurde zusammen mit dem Notarzt zu einem Einsatz gerufen – die beiden waren die Einzigen, die bei unserer Wirtshausrunde nicht nur abstinent geblieben, sondern auch im Dienst waren.

Recht schnell verabschiedeten sich daher auch wir Übrigen voneinander und gingen unserer Wege.

Ich hätte mich wohl nicht mehr an diesen Abend zurückerinnert, wenn ich nicht Jahre später über zwei verschiedene Zeitungsberichte gestolpert wäre. Dem einen zufolge war der Apotheker, mein Kollege von damals, bei einem fremdverschuldeten Verkehrsunfall ums Leben gekommen. Allerdings war weniger der Unfall als solcher der Grund für die überregionale Medienresonanz, vielmehr interessierte sich die Klatschpresse für eine Art Fluch, der angeblich auf der Familie des Apothekers liegen sollte. Innerhalb der letzten fünf Jahre waren nämlich nicht nur seine erste Ehefrau und kurze Zeit später auch seine zweite Ehefrau an Krebs verstorben, auch die Tochter war erst kürzlich tot in der Wohnung des Apothekers zusammengebrochen – aufgrund eines unerklärlichen Herzversagens.

Ärzte, Medien und alle, die den Apotheker kannten, waren sich einig: Es war ein schreckliches Schicksal, das den Mann ereilt hatte. Drei Familienangehörige binnen so kurzer Zeit zu verlieren war ein Verhängnis, das man nur noch auf höhere Gewalt schieben konnte.

Bei den beiden Ehefrauen war der Krebs erst kurz vor dem Tod diagnostiziert worden und dementsprechend schon weit fortgeschritten, als sie notfallmäßig ins Krankenhaus eingeliefert worden waren. Damit konnte man sich noch irgendwie abfinden, denn Krebs ist ein weit verbreitetes Schicksal. Oft weiß man nicht, woher er kommt, warum er kommt und wann er kommt. Der Mensch lebt mit dem Wissen, dass es jeden treffen kann. Als dann aber auch noch die Tochter vor dem Vater gehen musste, nach alledem, was der Apotheker schon durchgemacht hatte, zündeten selbst die notorischen Kirchverweigerer in seinem Umfeld eine Kerze für ihn an. Die Ärzte schoben den Infarkt der Tochter auf einen genetischen Defekt – eine unbefriedigende Erklärung. Und jetzt war auch der Apotheker tot. Ein Verkehrsunfall, für den er laut des polizeilichen Unfallberichts nichts konnte. Es erinnerte alles ein wenig an den Fluch der Kennedys, in deren Familie bis auf die Tochter kaum noch einer lebt geschweige denn auf natürlichem Wege aus dem Leben schied.

Hätte es diese illustre Schlachtplattenrunde von damals

nicht gegeben, ich hätte nicht anders über den tragischen Fall des Apothekers gedacht. Doch seine letzten Worte, ehe er damals zum Einsatz gerufen wurde, lassen mich seither nicht mehr los:

Tetanus, Dimethylnitrosamin, Carukia barnesi.

Denn meine Recherchen hierzu ergaben Folgendes: Der Tetanuserreger, der unbehandelt als Wundstarrkrampf zum Tod führt, lässt sich an einer Leiche nur mit einer äußerst grenzwertigen Methode nachweisen, durch einen sogenannten Neutralisationstest im Tierversuch – man verfüttert Wundmaterial des Patienten/Verstorbenen an eine Maus und wartet, ob sie daran krepiert. Der Erregernachweis anhand von Kulturzüchtungen im Reagenzglas gelingt bei Tetanus nämlich meist nicht, und ich gehe nicht davon aus, dass ein Rechtsmediziner routinemäßig Leichengewebe an Mäuse verfüttern wird. Es ist übrigens durchaus möglich, sich heutzutage mit Tetanus zu infizieren, einem Bakterium, das über Tiere und sogar den Boden übertragen werden kann. Bereits durch oberflächliche Hautverletzungen kann es zu einer Infektion kommen. Mit anderen Worten, selbst der positive Nachweis von Tetanus fügt sich zwanglos in ein natürliches Todesgeschehen ein.

Dimethylnitrosamin hingegen ist ein hoch krebserregender Wirkstoff, der in Lebensmitteln wie gepökeltem Fleisch und alkoholischen Getränken vorkommt. Die orale Aufnahme von Dimethylnitrosamin führt binnen kürzester Zeit vor allem zu Lebertumoren und löst nach Inhalation zusätzlich Tumore in Lunge und Nieren aus – Krebs also, die häufigste Todesursache in Deutschland. Eine Krankheit, deren Diagnose Betroffene wie Angehörige – auch zum Beispiel im Fall des Apothekers – einfach hinnehmen und schon gar nicht in Bezug zu einem Fremdverschulden setzen.

Die Carukia barnesi gehört der Klasse der Würfelquallen innerhalb der Gattung der Nesseltiere an. Sie kommt hauptsächlich in den australischen Küstengewässern vor, insbesondere vor Queensland und dem Northern Territory. Diese Quallenart wurde vom australischen Arzt Jack Barnes 1961 entdeckt und nach ihm benannt. Das Nesselgift der Carukia barnesi ist für den Menschen höchst gefährlich und führt je nach Konzentration zum Tod. Bisher ist es noch nicht gelungen, das Gift von Carukia barnesi zu analysieren und dessen Struktur aufzuklären, trotz Massenspektrometrie und Gaschromatografie. Das Gift ist also schlicht nicht nachweisbar.

Die Frage, die mich seit Bekanntwerden der überdurchschnittlich vielen tragischen Tode innerhalb der Familie des Apothekers also nicht mehr loslässt: Hatte der Apotheker bei unserer Wirtshausrunde nur theorisiert oder vielmehr tatsächlich einige exotische Werkzeuge für den perfekten Mord ausfindig gemacht?

Sicher ist nur eins: Dem anderen Zeitungsbericht zufolge hatte auch ein Bestatter Jahre später tatsächlich ernst gemacht und einen unliebsamen Kollegen erschlagen, den er dann, den wortgetreuen Erzählungen des Friedhofsmitarbeiters aus der Wirtshausrunde entsprechend, in einem bayerischen Krematorium unter Umgehung der andernorts üblichen zweiten Leichenschau verbrennen ließ. Nur weil er seine Klappe nicht halten konnte und ein schlechtes Gewissen bekam, teilte der Bestatter sein Wissen mit der Polizei. Inwieweit der Friedhofsmitarbeiter eine wie auch immer geartete Rolle in dieser Sache spielte, vermag ich nicht zu beurteilen – mögen nur alle Verstorbenen dieses Kapitels von nun an in Frieden ruhen.

DER PARKHAUSMORD

Eigentlich war der 15. Mai 2006 ein sehr schöner Tag. Bei frühsommerlichen Temperaturen konnte man mittags im T-Shirt draußen sitzen und selbst spätabends noch genüsslich mit einem Eis in der Hand die Straßen entlangspazieren.

Es war der Tag nach Muttertag. Die einen zehrten noch von der Freude über riesige Blumensträuße und der mal geheuchelten, mal ehrlich gemeinten Wertschätzung, die anderen waren entweder froh, dass der gestrige Tag vorbei war, oder sie freuten sich über die Wirkung ihrer Geschenke. So oder so, gute Laune lag in der Luft, und das warme Wetter tat sein Übriges.

Ob auch Charlotte B. an diesem Tag gut gelaunt das luxuriöse Apartment im obersten Stockwerk ihres millionenschweren Parkhauses verlassen wollte, bevor sie im Flur mit vierundzwanzig Hammerschlägen auf den Kopf getötet wurde? Wir werden es nie erfahren.

Wer hingegen ihr Mörder war, sollte die Öffentlichkeit schon bald erfahren – zumindest wenn es dabei nach den

Strafverfolgungsbehörden geht. Wenngleich wohl kaum je ein Fall für so viel Spekulation, Irritation und Diskussion gesorgt hat. Sogar der Europäische Gerichtshof für Menschenrechte wurde eingeschaltet.

Am 16. Mai 2006, einen Tag nach dem Mord und zwei Tage nach Muttertag, wurde die leblose Millionärin von einem ihrer beiden Neffen in dem blutbespritzten Hausflur ihres Apartments gefunden.

Der Neffe hatte zusammen mit dem Geschäftsführer des Parkhauses nach seiner Tante sehen wollen, nachdem sie doch den ganzen Tag über nicht erreichbar war. Dabei standen ihre beiden Autos in der Garage, und sogar das Klingeln ihres Handys war in der Wohnung zu hören.

Der Neffe hatte noch den Puls der Tante gefühlt, ehe er nach einem bitterlichen Schrei in apathische Schockstarre verfiel. Sie war schon kalt.

Die herbeigerufene Polizei schloss einen Raubmord durch einen unbekannten Täter schnell aus. Das Einzige, was am Tatort fehlte, war Bargeld in Höhe von 2000 Euro, welches das Opfer bei sich getragen haben musste. Die übrigen Wertgegenstände in der Wohnung waren dagegen unberührt: 1500 Schweizer Franken in bar nebst diverser Kreditkarten, teure Pelzmäntel und nicht zuletzt der mit Schmuck im Wert von 100 000 Euro gefüllte Safe, in dem zu allem Überfluss auch noch der Schlüssel steckte. Auch die wertvolle Uhr am Handgelenk des Opfers hätte ein Raubmörder wohl kaum verschmäht.

Gegen einen Raubmord sprach aus Sicht der Polizei auch, dass die Wohnung des Opfers nur äußerst oberflächlich durchsucht worden war, so als hätte der Täter lediglich den Eindruck eines Raubmordes erwecken wollen.

Weiterhin lag eine sogenannte Übertötung vor. Das Opfer wurde mit einem hohen Maß an Gewalt umgebracht, viel mehr, als dazu eigentlich notwendig gewesen wäre.

Ein professioneller Raubmörder, der aus purer Habgier oder Angst vor Entdeckung mordet, bringt die Tat hingegen möglichst schnell hinter sich, um sich der Beute zuzuwenden und den Tatort schleunigst zu verlassen.

Ein sadistischer Täter hingegen tötet sein Opfer möglichst langsam und qualvoll.

Im Fall der toten Tante hielt die Polizei schon aufgrund der Auffindesituation eine Beziehungstat für sehr wahrscheinlich. Wer gleich vierundzwanzig Mal mit einem Hammer auf das Opfer einschlägt, hat in der Regel Motive emotionaler Art. Der Täter entlädt seinen ganzen Hass und seine Wut in der Tötungshandlung. Daher auch die naheliegende Vermutung, dass er eine persönliche Beziehung zum Opfer gepflegt haben könnte. Im Fall des sogenannten Parkhausmordes wurde der Kreis der Verdächtigen also überschaubar. Weil offenbar derart starke Gefühle im Spiel waren, beschränkte sich die Suche nach dem Täter zunächst auf jene Personen, die mit dem Opfer in einer engen emotionalen Beziehung standen, zum Beispiel weil sie mit der millionenschweren Unternehmerin im Streit lagen oder zurückgewiesen wurden, vielleicht aber auch, weil Eifersucht, Rachsucht, Hass oder andere starke Gefühle eine Rolle spielten.

Auch der Neffe, der die Leiche gefunden hatte, wurde überprüft. Dabei war er nicht mehr, aber auch nicht weniger verdächtig. Reine Routine.

Allerdings stellte sich heraus, dass es wenige Tage vor der Tat zwischen ihm und seiner Tante zu einem lautstarken Streit gekommen war, in dessen Verlauf sie ihn aus der Parkgarage verwiesen hatte. Der genaue Grund dieses Streits blieb offen; fest stand nur, dass er der Lieblingsneffe des Opfers war und sie nach ihrem Willen beerben und die Geschicke der lukrativen Parkgarage leiten sollte. Dies allerdings nur unter einer Bedingung: Besagter Lieblingsneffe sollte zuvor ein Jurastudium abschließen und als Anwalt zugelassen sein. Nur so wäre er aus ihrer Sicht den rechtlichen und wirtschaftlichen Anforderungen gewachsen gewesen, welche die Leitung der Parkgarage mit sich brachte. Die Tante hatte ihm dies regelrecht befohlen, worauf der Neffe seinen Traum von einer Schauspielkarriere zurückgestellt und das Jurastudium aufgenommen hatte. Neben dem Studium hatte der Neffe bis vor Kurzem in der Parkgarage fleißig mitgearbeitet – schon fast als eine Art Assistent des Geschäftsführers.

Doch nachdem mehrfach größere Fehlbeträge an den Kassenautomaten der Parkgarage aufgefallen waren, hatte die Tante vor einigen Monaten kurzerhand einen anderen, zweiten Geschäftsführer eingestellt. Im Zuge dieser Personalie entzog die Tante ihrem Neffen den Schlüssel zum Büro der Parkgarage und damit auch den Zugriff auf die Kassenautomaten. Sie wies ihre Mitarbeiter ausdrücklich an, das Büro immer abzuschließen, da sie nicht mehr wollte, dass sich ihr Neffe dort alleine aufhielt.

Der neue und der alte Geschäftsführer ergänzten sich fachlich sehr gut, sodass die Tante eigentlich gar nicht mehr auf ihren Neffen angewiesen war. Zumal der neue Geschäftsführer die bisherigen Tätigkeiten des Neffen vollumfänglich übernommen hatte, sodass der Lieblingsneffe von einst nur noch den Status eines untergeordneten Hilfsarbeiters hatte.

Ans Licht kam auch, dass es der Tante gar nicht recht gewesen war, dass der Neffe seine Verlobte in naher Zukunft heiraten wollte, weil Letztere im Falle einer Scheidung mittelbar an das Vermögen der Tante hätte herankommen können. Eine Auflösung der Verbindung zu seiner Verlobten hatte der Neffe aber stets strikt abgelehnt.

Vor einiger Zeit hatte der Neffe seiner Tante dann vorgeschlagen, den Betrieb der Parkgarage vorzeitig an ihn zu übergeben. Dies hatte die Tante allerdings abgelehnt, mit der Begründung, dass er erst noch den ausstehenden Abschluss zum Rechtsanwalt machen müsse, nur dann werde er das Erbe antreten können. Zeugen berichteten der Polizei, dass sie in letzter Zeit diesbezüglich großen Druck auf ihren Neffen ausgeübt hatte. Noch kurz vor der Tat hatte die Tante deshalb auch den Geschäftsführer des Parkhauses gebeten, bei ihrem Neffen anzufragen, wie es mit dem Anwaltsabschluss vorangehe. Auch wollte sie endlich Ergebnisse des Studiums sehen. Erst kürzlich hatte sie sich Freundinnen gegenüber abfällig darüber geäußert, dass sich ihr Neffe im Betrieb bereits als Chef aufspiele.

Im Rahmen der polizeilichen Ermittlungen stellte sich dann heraus, dass der Neffe einige Monate zuvor größere Bargeldbeträge auf sein sonst nur spärlich gedecktes Konto einbezahlt hatte, welche mit den Fehlbeträgen an den Kassenautomaten der Parkgarage nahezu identisch waren.

Doch es kam noch dicker. Der Lieblingsneffe hatte sein Jurastudium, das die Tante für so essenziell hielt, schon vor

Jahren abgebrochen! Diese Tatsache hatte er vor seinem gesamten Umfeld verheimlicht. Seine Eltern, sein Bruder, seine engsten Freunde, ja sogar seine Verlobte waren der festen Überzeugung, dass er nach einem erfolgreich abgeschlossenen Jurastudium alsbald die Rechtsanwaltsprüfung nebst Doktortitel ablegen würde.

So berichteten Zeugen der Polizei von einem Weißwurstfrühstück, welches der strebsame Neffe zur Feier seines angeblich bestandenen ersten Juraexamens ausgerichtet hatte. Er hatte sich nach der vermeintlichen Prüfung sogar von seinem besten Freund abholen lassen und war mit ihm noch sämtliche seiner mutmaßlichen Fehler durchgegangen, dabei hatte diese Prüfung – zumindest für ihn – niemals stattgefunden.

Und doch war es nach wie vor der größte Wunsch des Neffen, die Parkgarage einmal zu leiten. Er selbst hielt sich auch am besten hierfür geeignet, wenngleich er über keinen Berufs- oder Studienabschluss verfügte und die Aussicht auf eine entsprechende Position vom Wohlwollen seiner Tante abhing.

Für die Mordkommission waren das alles eindeutige Motive für einen Mord. Zumal sich der Neffe im Rahmen mehrerer Vernehmungen in immer größere Widersprüche verstrickte.

Ein Alibi für den ermittelten Todeszeitpunkt hatte er auch nicht. Zur Tatzeit wollte der gute Lieblingsneffe aus dem Haus gegangen sein, um Zeitungen zu kaufen, danach habe er ein Erkältungsbad genommen. Zeugen hierfür gab es keine, denn seine Verlobte war zur gleichen Zeit auf einer Geburtstagsfeier gewesen. Der Neffe selbst hatte seine Teilnahme an ebendieser wegen einer Erkältung abgesagt. Ob und inwieweit es ihm damals schlecht ging, dazu konnte den Ermittlern niemand Genaueres sagen.

Ein mutmaßliches Motiv und kein Alibi – das genügte in den Augen von Polizei und Staatsanwaltschaft für einen Mordverdacht. Bereits nach zwei Tagen wurde der Neffe als einziger Verdächtiger verhaftet und alsbald des Mordes an seiner Tante angeklagt.

Aber konnten sie ihm die Tat auch wirklich nachweisen?

Zwar hatten die Ermittler innerhalb kürzester Zeit eine ganze Menge Informationen über den Neffen gesammelt, doch fand sich darunter kein einziger Beweis.

Denn als Beweis gelten nur Tatsachen, aus denen sich die Schuld eines Täters nahezu zwingend ergibt. Gäbe es beispielsweise ein Video, auf dem der Neffe eindeutig zu erkennen ist, wie er die Tante erschlägt, wäre das eine unmittelbare Tatsache, aus der man schließen darf, dass der Neffe der Täter ist. Es handelt sich also um einen Beweis. Ähnlich verhält es sich mit Zeugen. Hätte jemand die Tat beobachtet, wäre das ein eindeutiger Beweis. Hätte das Opfer mit letzter Lebenskraft den Namen des Mörders niedergeschrieben, kann auch dies – als sogenannte Urkunde – als Beweis herangezogen werden.

Das, was die Polizei da zusammengetragen hatte, waren aber nichts anderes als Indizien, bloße Rückschlüsse letztlich, die für sich allein genommen noch gar nichts beweisen.

Trotzdem wurde der Neffe festgenommen, angeklagt und verurteilt. Außerdem wurde ihm sein Erbteil gerichtlich aberkannt.

Bei der Urteilsverkündung kam es zu regelrechten Tumulten im Gerichtssaal, der Angeklagte beschimpfte den vorsitzenden Richter als Wurm. Freunde und Angehörige protestierten lautstark gegen das Urteil. Selbst der Anwalt des Neffen verließ inmitten der Begründung fassungslos den Gerichtssaal. Bis heute beteuert der Neffe wortgewaltig und medienwirksam seine Unschuld.

Nun ist es nicht ungewöhnlich, dass verurteilte Mörder ihre Unschuld auch noch nach einer gerichtlichen Verurteilung beteuern. Denn kein anderes Verbrechen, mit Ausnahme schwerer Sexualdelikte, ist gesellschaftlich derart geächtet wie Mord. Es ist also menschlich durchwegs nachvollziehbar, wenn man selbst im Falle einer Verurteilung wenigstens die paar verbleibenden engen Freunde und Familienangehörigen von der eigenen Unschuld mit allen nur denkbaren Mitteln zu überzeugen sucht – um letztlich nicht gänzlich allein und abgestempelt dazustehen und wenigstens noch Menschen zu haben, die einen im Knast besuchen. Selbst bei eindeutiger Beweislage flüchten sich die Täter deshalb nicht selten in absurde Erklärungsversuche und Verschwörungstheorien, um weiter behaupten zu können, sie seien von bornierten Richtern unschuldig verurteilt worden.

Ungewöhnlich ist indes, mit welcher Intensität der Neffe bis heute seine Unschuld beteuert. Mir fällt kein einziger Mordprozess ein, der im Nachgang einer Verurteilung noch immer für ein so öffentlichkeitswirksames Echo gesorgt hätte. Aus dem Gefängnis heraus beauftragte der verurteilte Neffe seine Anwälte, alle erdenklichen Rechtsmittel einzulegen, um gegen das Urteil vorzugehen. Gut, wer würde das nicht tun, selbst im Falle der Schuld. Denn für einen verurteilten Mörder kann es schließlich nicht mehr schlimmer, allenfalls nur besser werden. Mehr als lebenslange Haft gibt es – zumindest im deutschen Recht – nicht. Damit aber nicht genug, denn der gute Neffe gibt Interviews, führt eine eigens gegründete Bürgerinitiative an und beschäftigt sogar einen Medienberater – das alles, um fernab der mittlerweile nicht mehr revidierbaren Gerichtsentscheidung dennoch seine Unschuld zu beteuern.

Wenn ein Verurteilter, dessen Rechtsmittel sämtlich ausgeschöpft sind und dem keinerlei Möglichkeit mehr verbleibt, an dem Urteil etwas zu ändern, dennoch einen derartigen persönlichen, emotionalen und kräfteaufreibenden Einsatz an den Tag legt, könnte es nicht vielleicht doch sein, dass der Falsche im Gefängnis einsitzt und der eigentliche Mörder noch auf freiem Fuß ist? Ähnlich wie im Fall des in Wahrheit unschuldigen Taxifahrers mit der vertauschten DNA?

Tatsächlich ist der Münchner Parkhausmord aus dem Jahr 2006 nicht unumstritten. Bis heute gibt es keine unmittelbaren Tatsachen, aus denen sich die Schuld oder Unschuld des Neffen zwingend ergeben würde, sondern nur Indizien. Und wie steht es in unserem Fall eigentlich mit: »Im Zweifel für den Angeklagten«? Ein jeder hat doch schon von den sagenumwobenen Indizienprozessen gehört. Reichen Indizien also doch aus, um einen Angeklagten zu verurteilen? Oder müssten Mordfälle, in denen keine Beweise, sondern allenfalls Indizien vorliegen, nicht immer zu einem Freispruch führen, weil ohne unmittelbare Beweise stets Zweifel vorliegen und der Mörder daher nicht verurteilt werden kann?

Könnte aber auch ein Urteil, das auf Mord mit lebenslanger Freiheitsstrafe lautet und sich auf keinerlei unmittelbare Tatsachen, sondern ausschließlich Indizien stützt, dennoch mit dem Satz »Es gibt keine Beweise« beginnen?

Tatsächlich sind es in den meisten Fällen nur Indizien, die Rückschlüsse auf den Täter zulassen. Erinnern wir uns beispielsweise an unseren Fall mit dem Taxifahrer: Auch aus DNA-Spuren lassen sich keine unmittelbaren Schuldbeweise ableiten. Denn auch bei einem DNA-Fund bedarf es weiterer Fragen und Rückschlüsse. Die Ermordung der Tante lässt sich aus dem bloßen Fund von DNA noch nicht ableiten. Immerhin könnte eine auf ihrer Jacke gefundenen DNA-Spur des Neffen auch von einer Umarmung bei einem früheren Abschied stammen. Zudem besteht – wir erinnern uns – immer die Möglichkeit einer Verwechslung.

Fingerabdrücke, DNA- und Faserspuren, ein fehlendes Alibi, die physische Konstitution des möglichen Täters, Täterwissen – all das sind letztlich nur Indizien, die mehrere mögliche, aber mehr oder weniger naheliegende Rückschlüsse auf den Täter zulassen. Und gerade weil es nicht immer den ultimativen Zeugen oder Videobeweis gibt, anhand dessen ein Täter ohne weitere Rückschlüsse zu überführen wäre, besagt das Gesetz, dass ein Richter frei ist in seiner Überzeugung, ob er einen Täter für schuldig oder unschuldig hält. Ein strafgerichtliches Urteil muss das Ergebnis einer logischen, schlüssigen und nachvollziehbaren Würdigung aller Umstände sein, die für oder gegen den Beschuldigten sprechen, und es muss von der vollen Überzeugung des Richters getragen sein. Nicht mehr, aber auch nicht weniger.

Die Feststellung der Schuld eines Täters muss also über einen bloßen Verdacht hinausgehen. Gleichwohl darf es bei der Überzeugungsbildung gerade keine Beweisregeln geben, wonach vorgegeben wäre, wann ein Richter wie zu entscheiden hat. Er muss unabhängig, aber gleichzeitig verpflichtet sein, alle objektiven Gegebenheiten einzubeziehen und sie nachvollziehbar sowie erschöpfend zu beurteilen.

Reine Intuition oder Vermutungen reichen dabei natürlich nicht aus. Auch darf bei der Überzeugungsbildung nicht gegen die Regeln der Logik verstoßen werden. Die Urteilsfindung darf nicht lückenhaft sein. Der Richter muss andere Möglichkeiten in Erwägung ziehen und darf sich nicht widersprechen. Auch Zirkelschlüsse sind verboten.

Geradezu verpflichtend ist dabei eine Gesamtschau aller wesentlichen Gesichtspunkte. Die Freiheit, die einem Richter bei der Beweiswürdigung gegeben ist, mit Ausnahme der vorbenannten Einschränkungen, findet ihre Ergänzung in der Verpflichtung, sie auch erschöpfend zu würdigen. Aus dieser Gesamtschau ist dann das Urteil zu bilden.

Im Parkhausmord hat der Richter entschieden, dass die einzelnen Indizien mit viel Wohlwollen für sich allein genommen unverfänglich erklärt werden könnten, sie aber in der Summe einen belastenden Beweiswert darstellen. Die Gesamtschau aller Indizien würde – so das Urteil – keine Zweifel an der Täterschaft des Angeklagten zulassen. Denn wenn gleich mehrere Indizien unabhängig voneinander für die Schuld des Angeklagten sprechen, schnüren sie sich wie ein Ring um den Täter. Daher auch der Name Indizienring.

Und abgesehen von den vielen Indizien, die gegen den Neffen sprachen, das Gericht fand auch schnell ein Motiv für den Mord: Der Neffe strebte eine gesellschaftlich und finanziell gesicherte Position als Leiter der Parkgarage an. Ohne die Tat hätte er diese aber zeitnah nicht erreichen können. Erschwerend trat die fehlende Juraausbildung hinzu, deren Vertuschung langsam, aber sicher aufzufliegen drohte.

Nach immerhin knapp 100 Prozesstagen sah es das Gericht als erwiesen an, dass der Neffe seiner Tante gegen 19 Uhr vor deren Wohnungstür auflauerte, als sie auf dem Weg zu ihrem regelmäßig stattfindenden Stammtisch war. Sodann soll er die völlig überraschte Tante mit vierundzwanzig Schlägen auf den Kopf getötet haben.

Ein Fehlurteil? Wir erinnern uns: Immerhin gab es keine unmittelbaren Beweistatsachen, aus denen sich die Schuld oder Unschuld des Neffen zwingend ergeben würde.

Aber was, wenn ich Ihnen sage, dass nach Auswertung aller Spuren am Tatort die Ermittler tatsächlich die DNA des Neffen auf dem Sakko des Opfers fanden? Allerdings auf dem Rücken, was bei der auf dem Rücken liegenden Leiche aber definitiv nicht bei deren Auffindung und auch nicht bei dem Versuch, den Puls der toten Tante zu messen, passiert sein konnte – im Rahmen etwaiger Hammerschläge auf deren Kopf aber sehr wohl.

Auf weitere DNA und Fingerabdrücke des Neffen stießen die Ermittler auch auf einem Bürotisch, den der Täter vermutlich durchwühlt und wo er das Testament der Tante geöffnet hatte. Seine Spuren fanden sich auch auf einer Klarsichthülle auf dem Boden des Büros und auf einer Geldbörse der Tante. Für bezeichnend hielten die Ermittler, dass sich nur an diesen Gegenständen, sonst aber nirgends im Büro die Spuren des Neffen fanden, aber just diese Gegenstände allesamt bei der Mordtat berührt worden waren.

Später wurden bei einer Durchsuchung drei Tageszeitungen in der Wohnung des Neffen gefunden. Zwei dieser Zeitungen beinhalteten jeweils eine Stadtteilbeilage, die beide ausschließlich im Stadtbezirk des Mordopfers, nicht aber im Stadtteil des Neffen erhältlich sind.

Die Polizei fand in der Folge heraus, dass ein Mitarbeiter der Tante jeden Morgen ebendiese Tageszeitungen mit den entsprechenden Stadtteilbeilagen in einer Tüte an die Türklinke von deren Wohnung hängte. Just diese Zeitungen fehlten aber am Tag nach der Tat in der Wohnung des Mordopfers.

Und damit nicht genug: Im Geldbeutel des Neffen fand die Polizei knapp 2000 Euro, darunter zwei Fünfhunderteuroscheine, an denen das Blut der Tante haftete. Trotz Nachfragen der Polizei ließ der Neffe das Geld unerwähnt. Just 2000 Euro waren aus der Tasche des Mordopfers verschwunden, und zwar in einer Stückelung von vier Fünfhunderteuroscheinen. Die Polizei konnte darüber hinaus ermitteln, dass der Neffe mit einem weiteren Fünfhunderteuroschein an einer Tankstelle eine Apfelschorle bezahlt hatte, obwohl er genügend Kleingeld bei sich führte und es folglich wenig Sinn ergab, das Getränk mit diesem Schein zu bezahlen.

Eine Überprüfung der Kontobewegungen ergab, dass die finanziellen Verhältnisse des Neffen sehr beengt waren. Auf die Frage, wie er in den Besitz von knapp 2000 Euro gelangt war, sagte er aus, er habe das Geld gegen Mittag am Tag vor der Tat von seiner Tante persönlich geschenkt bekommen. Dieser Hergang konnte aber mit an Sicherheit grenzender Wahrscheinlichkeit ausgeschlossen werden, da die Tante an besagtem Tag fast durchgängig telefoniert hatte. In später geführten Telefonaten hatte sie sich bei ihren Gesprächspartnern darüber beklagt, dass sie ausgerechnet am Muttertag so alleine war. Kontobewegungen zeigten außerdem, dass der Neffe bis dato zwar hin und wieder Geld von seiner Tante geschenkt bekommen hatte, sich die Beträge aber lediglich im Bereich von 100 Euro bewegten.

Auch die genauen Lebensgewohnheiten der Tante waren dem Lieblingsneffen bestens bekannt. Neben ihm wussten nur sehr wenige andere Personen über diese Bescheid. Er wusste auch, dass sie am Tatabend gegen 19 Uhr die Wohnung in der Parkgarage verlassen wollte, um zu einem Stammtischtreffen zu gehen.

Die Lage der Wohnung ist im Übrigen eher ungewöhnlich und war nur einem kleinen Kreis von Eingeweihten bekannt, zu denen auch der Lieblingsneffe zählte.

Bei seiner polizeilichen Vernehmung konnte sich der Neffe nur vage an das erinnern, was er am Tag nach der Tat gemacht hat. Er gab an, Uhrzeiten generell durcheinanderzubringen. Gleichzeitig erinnerte er sich aber auf die Minute genau an Telefonate, die er am Tatabend kurz nach der ermittelten Tatzeit geführt haben wollte. Und obwohl der Tag durchaus ereignisreich für ihn verlaufen war, vergaß er, eine etwa zweistündige Autofahrt zu erwähnen.

Auch ließ er die Reinigung eines geliehenen Fahrrades mit einem Dampfstrahler unter den Tisch fallen, die er am Tag nach der Tat vorgenommen hatte. Dumm nur, dass die Polizei bereits vor dieser Information davon ausgegangen war, dass der Mörder von Charlotte B. höchstwahrscheinlich ein Fahrrad benutzt haben musste, weil man den Tatort nur auf diese Weise ungesehen erreichen und wieder verlassen konnte.

Die weiteren Ermittlungen der Polizei ergaben, dass der Neffe am Tag nach der Tat äußerst leger gekleidet zur Parkgarage gekommen war. Dies kollidierte mit der Aussage, die Tante habe ihn beauftragt, an diesem Tag den Geschäftsführer zu vertreten, also in leitender Funktion das Parkhaus zu repräsentieren.

Und obwohl er als Vertreter des Geschäftsführers zwangsläufig Zugang zum Büro hätte haben müssen, hatte seine Tante ihm keinen Büroschlüssel gegeben.

Ungeachtet dieser wichtigen Aufgabe war der Neffe zuvor aber auch noch mit dem Auto zu einem Freund gefahren, um diesen angeblich bei der Arbeit zu besuchen. Dies allerdings, ohne sein Kommen anzukündigen und damit zu wissen, ob der Freund überhaupt vor Ort sein würde. Zudem irritiert diese Aussage schon deshalb, wusste der Neffe doch, dass sein Freund schon vor einiger Zeit gekündigt hatte. Der Neffe sei zwar auf halber Strecke unverrichteter Dinge wieder umgedreht, aber nur weil ihm plötzlich eingefallen sei, dass er mittags die Kasse der Parkgarage besetzen musste.

Dort angekommen, habe er die gesamte Belegschaft in Sorge um die Tante vorgefunden, die seit dem frühen Morgen nicht zu erreichen war, obwohl ihre beiden Fahrzeuge in der Parkgarage standen. Laut den Mitarbeitern gab sich der Neffe aber erstaunlich gelassen und habe behauptet, die Tante sei in den Urlaub gefahren.

Kurzum, die Indizienlast war erdrückend.

Und dennoch, kein einziger Beweis, der die Schuld des Neffen unmittelbar belegen würde. Letztlich blieben alle Indizien für sich genommen mehrdeutig, mehrere Rückschlüsse waren möglich.

Immerhin konnte im Zuge weiterer Ermittlungen gutachterlich belegt werden, dass zumindest die letzten vier Schläge gegen den Kopf der Tante mit der rechten Hand geführt wurden, wohingegen der Neffe Linkshänder ist. Allerdings stellte sich dabei auch heraus, dass der Neffe zu jenen Linkshändern gehört, die motorisch auch ganz gut mit rechts agieren können. Zudem ist die Türe zur Wohnung der Tante nach links zu öffnen. Es hätte sich für einen linkshändigen Täter somit auch durchaus angeboten, mit rechts zuzuschlagen, um gleichzeitig mit der stärkeren linken Hand die anzunehmende Reaktion des überraschten Opfers, die Türe zudrücken zu wollen, zu verhindern. Eine simple Erklärung dafür wäre ferner, dass der Täter diese letzten vier Schläge mit der anderen Hand führte, weil durch die vorherigen zwanzig Schläge

Ermüdungserscheinungen in der anderen Hand einsetzten.

Und ja, natürlich gibt es eine verschwindend geringe Wahrscheinlichkeit dafür, dass die DNA-Spuren auf andere Weise auf den Rücken der Leiche übertragen wurden. Beispielsweise hätte der Neffe seine Tante, wie eingangs erwähnt, irgendwann einmal umarmen können, als sie genau dasselbe Sakko trug. Oder er hätte ihr in das Sakko helfen können und durch diese Berührung seine DNA übertragen haben – einer sehr intensiven Berührung, denn nur so wäre die DNA haften geblieben.

Womöglich, so die Unterstützer des Verurteilten, waren auch die DNA und die Fingerspuren schon früher auf die unmittelbar tatrelevanten Dokumente wie das Testament und den dazugehörigen Briefumschlag gelangt. Der hilfsbereite Neffe habe seiner Tante eben irgendwann einmal Umschlag und Briefpapier in die Wohnung gebracht und dabei ausgerechnet diesen Umschlag und dieses Blatt Briefpapier – aber dabei keines der andern Dutzenden – berührt.

Selbstverständlich könnte der Neffe – wie er steif und fest behauptet – ausgerechnet in dem Zeitfenster, in dem die gute Tante ermordet wurde, beim Zeitungskaufen gewesen sein. Wenn er auch gleichzeitig so krank war, dass er eigentlich nicht das Haus verlassen konnte, um eine Party zu besuchen, und stattdessen ein Erkältungsbad genommen hatte. Währenddessen hatte er natürlich nicht ans Telefon gehen können, als seine Schwiegermutter in spe anrief, ihn nicht erreichte und deshalb auf den Anrufbeantworter sprach.

Und natürlich hätte auch ein anderer Kenntnis über die Gewohnheiten der Tante gewinnen können, um diese zu töten. Womöglich hatte jemand sie ausspioniert.

Würde man diesem Ansatz folgen, könnten auch die Fußspuren in der Wohnung der Tante, die eindeutig nicht dem Neffen zuzuordnen waren, von diesem Spion stammen und nicht etwa von einem der zahlreichen Besucher aus den Tagen vor der Tat.

In der Geschirrspülmaschine der getöteten Tante wurde außerdem eine DNA-Spur gefunden, welche in einem anderen aufsehenerregenden Verbrechen an einem Kind gesichert wurde. In dieser Sache wurde zuletzt auch eine Spur des NSU-Terroristen Uwe Böhnhardt gefunden. Natürlich kann man nicht ausschließen, dass diese Spur der entscheidende Hinweis auf den wahren Mörder ist. Aber ebenso wenig kann man ausschließen, dass es sich dabei um eine bloße Verunreinigung oder Kontamination des Abstrichmaterials handelt.

Auch kann man nicht mit letzter Gewissheit ausschließen, dass sich am Tag der Tat ein unbekannter Besucher in der Wohnung der Tante befand. Die Verteidigung stützt diese These auf eine fehlende Menge Wein aus einer Weinflasche in der Wohnung der Tante.

Mag sein, dass dieser unbekannte Täter oder auch ein gänzlich unbekannter Raubmörder sich während der Tat durch irgendetwas gestört fühlte und sich gezwungen sah, die Wohnung des Opfers fluchtartig verlassen zu müssen, ohne die zahlreichen Wertgegenstände mitnehmen zu können.

Und natürlich könnte das Blut an den Fünfhunderteuroscheinen des Neffen auch daher rühren, dass er unmittelbar nachdem er seine tote Tante fand, den unbändigen Drang verspürte, die 2000 Euro zu zählen, selbst wenn sie vorher gar nicht in seinem Besitz gewesen waren.

Der Schock, den der Neffe beim Auffinden der Leiche erlitten hatte, könnte natürlich auch echt und nicht etwa ähnlich gut gespielt gewesen sein wie die Lügen über das angeblich abgeschlossene Jurastudium.

Ebenso könnte es auch, was die Fehlbeträge an den Kassenautomaten angeht, so gewesen sein, dass – wie vom Neffen behauptet – ein Geldschein im Parkautomaten stecken geblieben sei, weshalb er eine sogenannte »Zwischenentleerung« gemacht und das Geld erst einmal bei sich behalten habe. Es könnte natürlich auch alles eine Intrige der verstorbenen Tante gewesen sein, um dem amtierenden Geschäftsführer die Fehlbeträge als Unterschlagung unterschieben und ihm deshalb kündigen zu können – so hatte es der Neffe in einer späteren polizeilichen Vernehmung angegeben. In diesem Zusammenhang wäre es dann auch irgendwie sinnvoll, das aus den »Zwischenentleerungen« erlangte Geld erst mal auf das eigene Konto einzuzahlen. Und wenn die Tante den Geschäftsführer bislang in der Position unverändert beibehalten und ihm bis zu ihrem Tod gerade nicht gekündigt hatte – hätte dann dieser Geschäftsführer am Ende gar ein Motiv?

Vielleicht war es auch reiner Zufall, dass die drei Zeitungen, die man in der Wohnung des Neffen fand, ausgerechnet die gleichen Zeitungen waren, die auch die Tante zu lesen pflegte und welche am Tag nach dem Mord von ihrer Wohnungstür fehlten, ebenso wie es vielleicht nur ein folgenschweres Versehen war, dass seitens des Lieferanten gleich bei zwei dieser Zeitungen ausgerechnet die Stadtteilausgabe aus dem Wohnungsbereich der Tante und nicht dem des Neffen beigelegt wurde.

Womöglich wollte der gute Neffe am Tag nach der Tat tatsächlich im Rahmen seiner Spazierfahrt nicht etwa eine etwaige Tatwaffe unauffindbar entsorgen, sondern trotz Vernachlässigung seiner vermeintlichen Aushilfs-Geschäftsführertätigkeit einen Überraschungsbesuch im Büro seines Freundes in Augsburg machen. In einem Büro allerdings, in welchem dieser zum einen bekanntermaßen längst nicht mehr arbeitete und zum anderen als Außendienstmitarbeiter auch davor selten anzutreffen gewesen war.

Und vielleicht wollte der Neffe wirklich nur das von ihm geliehene Fahrrad ausgerechnet am Tag nach der Tat mit einem Dampfstrahler sauber machen, um es dem Entleiher in einem – wie er sagt – »ordentlichen Zustand« wieder zu übergeben, und nicht etwa von Blutspuren reinigen, die sich nach der Tat an dem Fahrrad durch Übertragung hätten befinden können – zumal die Polizei davon ausgeht, dass der Täter mit dem Fahrrad in die Parkgarage gekommen sein muss, um nicht entdeckt zu werden.

Mag sein, dass der Neffe das Testament seiner Tante trotz der DNA-Spuren am Umschlag nicht kannte.

Auch möglich, dass er sich nicht sicher sein konnte, tatsächlich in ihrem Testament als Erbe eingesetzt worden zu sein. Wobei er doch gewusst haben muss, dass ihm die Familie im Falle des Todes der Tante die Leitung der Parkgarage übertragen würde, allein schon aufgrund seines angeblich abgeschlossenen Jurastudiums.

Und dennoch möchte ich Sie an dieser Stelle fragen: Sind das nicht alles ein paar Zufälle zu viel? Wie steht es angesichts der Vielzahl der Indizien und der recht fadenscheinigen Alternativen um Ihr Bauchgefühl? Tendieren Sie nicht auch dazu, dass der Neffe seine Tante getötet hat? Die Richter zweifelten jedenfalls nicht daran, auch nicht der Bundesgerichtshof, das Bundesverfassungsgericht und der Europäische Gerichtshof für Menschenrechte. Aber war es rechtens, dass der Neffe nur auf Grundlage einiger Indizien und eines Bauchgefühls verurteilt wurde?

Die Antwort lautet: Ja! Denn sonst könnte man vermutlich kaum jemanden verurteilen, dessen Tat nicht auf Video festgehalten oder von zig unabhängigen Zeugen beobachtet wurde. Diese müssten dazu allesamt dasselbe berichten, dabei völlig glaubwürdig sein, keinerlei Be- oder Entlastungseifer haben, was Kollegen, Freunde, Bekannte und Familie als brauchbare Tatzeugen ausschließen würde.

Natürlich wäre dem Neffen und seinen Unterstützern eine andere Justizpraxis angenehmer gewesen. Sie alle warten bis zum heutigen Tage immer wieder mit einer ganzen Reihe von Alternativen, Mutmaßungen und hypothetischen Kausalverläufen auf. Das alles, um von der Unschuld des Neffen zu überzeugen.

Aber anders, als fälschlicherweise angenommen, ist der Indizienbeweis immer dann relativ sicher, wenn er mit objektiven Beweismitteln wie DNA-, Finger- und Faserspuren geführt wird. Wenn sich dann auch noch mehrere unabhängige Indizien wie ein Ring um ein und dieselbe Person schließen, ist das Urteil wasserdicht – wie im Falle des lieben, guten Neffen –, eines Neffen, dessen Lebenstraum es war, Geschäftsführer einer lukrativen Parkgarage zu werden. Eines Neffen, der von seiner millionenschweren Tante wusste, dass sie ihn bereits testamentarisch zum Erben eingesetzt hatte.

Eines Neffen, der mit ansehen musste, dass seine Tante nicht ihn, sondern einen zusätzlichen Geschäftsführer einstellte, mit dessen Arbeitsleistung sie hochzufrieden war. Eines Neffen, der zunehmend Streitigkeiten mit der Tante austrug und Kritik einsteckte. Eines Neffen, der wusste, dass seine Tante auf ein abgeschlossenes Juraexamen bestand, das er aber schon lange abgebrochen hatte. Eines Neffen, der die Tante und sein gesamtes Umfeld in dem Glauben gelassen hatte, ein aufstrebender Jurist zu sein. Eines Neffen, dessen Lügengerüst spätestens in den kommenden Monaten zusammengebrochen wäre, wenn er keine entsprechende Urkunde hätte vorlegen können. Eines Neffen, der gleichzeitig mit ansehen musste, wie seine Verlobte und sein bester Freund ihr Studium erfolgreich beendeten und in gut bezahlte Berufe wechselten. Eines Neffen, der als gescheiterter Student ohne berufliche Qualifikationen von der Tante finanziell völlig abhängig war. Eines Neffen, der vom vormaligen Assistenten der Geschäftsleitung mehr und mehr zur Aushilfe im Tankstellenbereich herabgestuft und nach einem handfesten Streit mit der Tante gänzlich der Parkgarage verwiesen worden war. Eines Neffen, dessen Probleme mit dem Tod der Tante mit einem Schlag gelöst wären. Da half ihm auch nicht mehr der Versuch, die Justiz mit einem angeblich bestandenen Lügendetektortest für sich zu gewinnen. Denn das Messen körperlicher Reaktionen bei einer Befragung mithilfe eines Polygrafen führt zu nichts. Die gemessenen Erregungsunterschiede sind nämlich unspezifisch. An der Erregungsveränderung lässt sich nicht zweifelsfrei ablesen, ob sie durch Schuldbewusstsein, Stress beim Lügen oder durch die Angst, fälschlich verdächtigt zu werden, ausgelöst wird. Sogenannte Lügendetektoren messen demnach keine Lügen, sondern lediglich Veränderungen der körperlichen Erregung, die auf Nervosität oder andere Emotionen zurückzuführen sind. Umgekehrt ist es aber auch möglich, messbare Reaktionen willentlich zu erzeugen, um das Ergebnis eines Tests in eine gewünschte Richtung zu lenken. Bisher hat übrigens kein Polygrafist die mit einer Million Dollar dotierte Herausforderung angenommen, Behauptungen von Menschen mit übernatürlichen Kräften zu überprüfen. Zu peinlich wäre es, wenn ein Lügendetektortest bescheinigen würde, dass jemand die Sonne auf die Erde ziehen oder Helden der Antike in die Gegenwart zaubern könne …

Gleichwohl ist den Anwälten des Neffen zuzugestehen, dass sie unter anderem zu Recht die teils lückenhaften und einseitigen Ermittlungen, die sich sehr früh auf den Neffen konzentrierten, rügten.

Denn solange kein eindeutiger Beweis vorliegt, sollte eine nach dem Gesetz unabhängige Staatsanwaltschaft und Polizei Hinweisen in alle Richtungen nachgehen. Tatsächlich wurden einige Spuren, die den Neffen möglicherweise hätten entlasten können, nicht oder erst viel zu spät und mit wenig Elan ausgewertet.

Berechtigt ist auch die Kritik an den Justizstrukturen. Auch für mich ist nur schwer begreiflich, wie der Bundesgerichtshof eine äußerst umfangreiche Revisionsbegründung, die sich auf ein Verfahren mit fast hundert Verhandlungstagen bezieht, in kürzester Zeit, aber nach »allumfassender Prüfung« ohne nähere Begründung vollumfänglich verwerfen kann.

Auch sollte in einem Rechtsstaat vermieden werden, dass ein Wiederaufnahmeverfahren an einem Oberlandesgericht entschieden wird, an dem der erstmals mit dem Fall betraute Richter inzwischen eine Schlüsselposition innehat.

Aber selbst wenn alles maximal fair zugegangen wäre, stünden die Chancen auf einen Freispruch dann besser?

DNA-Spuren am Tatort, widersprüchliche Aussagen bei der Polizei, heftiger Streit mit dem Opfer unmittelbar vor der Tat, tatrelevante Beweismittel in der Wohnung des Tatverdächtigen, kein Alibi und, neben vielen weiteren Indizien nicht zu vergessen, die Übertötung des Opfers mit vierundzwanzig Schlägen auf den Kopf – ein Schlag für jede Entscheidung der Tante, die den Neffen ein weiteres Stück aus seiner sicher geglaubten Karriere drängte. Dies ist alles andere als ein perfekter Mord.

Und dennoch hat dieser Fall in diesem Buch seine Daseinsberechtigung, denn das schauspielerische Talent des Neffen wird das Blatt für ihn noch wenden. Nämlich dann, wenn er seine Strafe abgesessen hat. Wir erinnern uns: Das Gericht hatte ihn nicht nur zu einer lebenslangen Freiheitsstrafe verurteilt, was in Deutschland ohnehin im internationalen Vergleich ein sehr überschaubarer Zeitraum ist, sondern ihm auch das Erbe aberkannt. Schließlich war der Neffe neben seinem Bruder im Testament der Tante zum Erben eingesetzt worden. Könnte der Staat Tätern die Tatbeute nicht verwehren, hätte dies zur Folge, dass Diebe, Betrüger, Erpresser, Räuber und von Habgier getriebene Mörder ihre Beute behalten und sich nach Absitzen ihrer Strafe damit einen schönen Lenz machen könnten. Dem Erpresser nimmt der Staat also sein Lösegeld, und einem Mörder nimmt er das Erbe seines Opfers.

Aber halt! Nicht so im Fall des Parkhausmordes. Denn der talentierte Neffe hat es trotz der erdrückenden Indizien geschafft, seine Familie, Freunde, Bekannte, viele Medien, vor allem aber seinen Bruder davon zu überzeugen, dass er unschuldig ist, unschuldig verurteilt wurde und der wahre Mörder frei herumläuft.

Der Bruder des Neffen lobte aus Überzeugung an der Unschuld zur Ergreifung des wahren Täters sogar 100 000 Euro aus, bauchbare Hinweise gingen bis dato wohl keine ein.

Aber der eigentliche Clou an dem Fall ist: Der treu gläubige Bruder sorgte außerdem dafür, dass der Erbteil des verurteilten Neffen nicht dem Staat, sondern ihm, dem Bruder des Verurteilten, zufiel, dies mithilfe eines sogenannten Erbunwürdigkeitsverfahrens.

Über ein solches vor dem Nachlassgericht zu führendes Verfahren können Erben feststellen lassen, dass andere Miterben nicht würdig sind, das Erbe zu erhalten, weil sie sich dem Erblasser gegenüber grob undankbar verhalten haben und dieser – wenn er davon gewusst hätte – sie deshalb niemals als Erben eingesetzt hätte. Und wer einem anderen nach dem Leben trachtet, dürfte gemeinhin als erbunwürdig gelten. Insoweit war es ein Leichtes, das Nachlassgericht aufgrund der Verurteilung wegen Mordes dazu zu bewegen, dem Bruder des Lieblingsneffen das gesamte Erbe zuzusprechen, mit der Folge, dass der vom Strafgericht verfallene Erbteil des verurteilten Mörders gerade nicht dem Staat, sondern dem Bruder zufiel.

Da besagter Bruder aber fest von der Unschuld des Verurteilten überzeugt ist, können wir annehmen, dass er ihm, dem vormaligen Lieblingsneffen, nach Verbüßung seiner Haftstrafe doch noch in den Genuss zumindest eines Teils des Erbes kommen lassen wird – und das ist mit geschätzten 50 Millionen Euro Erbmasse recht ansehnlich.

Wahrscheinlich gibt es nur sehr wenige Menschen, die in einer Zeitspanne der Haftstrafe des Neffen einen nur ansatzweise ähnlich hohen Betrag erwirtschaften. Suchen Sie es sich also aus: Malochen Sie in Freiheit für Peanuts oder sitzen Sie ein, zwei Jahrzehnte auf der faulen Haut in einem deutschen Gefängnis ab, das Ihnen von Verfassungs wegen ein mindestens acht Quadratmeter großes Einzelzimmer garantiert, nebst Fernseher und abgeschlossenem Sanitärbereich, und kassieren Sie für Ihren Mord am Ende einen zweistelligen Millionenbetrag mit Zins und Zinseszins. Der vom mörderischen Neffen eingesetzte Medienberater dürfte sich am Ende also durchweg amortisieren.